Oh làlà ... CHOCOLAT

Oh làlà ... CHOCOLAT

70 VERFÜHRERISCHE REZEPTE MIT SCHOKOLADE

EMF

EIN BUCH DER EDITION MICHAEL FISCHER

Inhalt

ZUM NASCHEN

GEBÄCK

TORTEN

KUCHEN

VEGAN

NO BAKE

DESSERTS

GETRÄNKE

Bestandteile VON SCHOKOLADE

KAKAOMASSE

Der eigentliche Bestandteil, der als Schokolade verstanden wird, ist die Kakaomasse. Sie bestimmt den Kakaogehalt und wird durch das Vermahlen der Kakaobohnen und dem Extrahieren der Kakaobutter gewonnen.

KAKAOBUTTER

Die Kakaobutter, oder auch Kakaofett, ist ein natürlicher Bestandteil und wird aus den Samen des Kakaobaums gewonnen. Neben der Verwendung in der Kosmetik wird Kakaobutter zur Herstellung von Nugat und weißer Schokolade verwendet, zudem ist sie zusammen mit der Kakaomasse Bestandteil von Kuvertüre.

KAKAOPULVER

Das reine Kakaopulver ist nichts anderes als Kakaomasse: Diese wird durch hohen Druck entölt. Der daraus entstehende Kakaopresskuchen wird gemahlen – und fertig ist das Kakaopulver. Das Pulver kann zum Backen und aromatisieren verwendet werden.

Arten von Schokolade

Schokolade ist nicht gleich Schokolade: Jede Sorte ist in ihrer Zusammensetzung unterschiedlich und hat ihre spezifischen Eigenschaften. Der größte und entscheidende Unterschied liegt im Kakaoanteil, welcher den Geschmack, die Konsistenz und den Schmelzpunkt beeinflusst.

WEISSE SCHOKOLADE

Die weiße Schokolade ist im engeren Sinne keine Schokolade. Sie enthält nämlich keinen Kakao, sondern lediglich Kakaobutter. Dadurch erhält die weiße Schokolade ihre helle Farbe. Mit Zucker, Milch und Aromastoffen wie Vanille ist sie ganz nebenbei auch die gehaltvollste alle Schokoladensorten. Geschmacklich ist sie recht süß und hat nicht den typischen Schokoladengeschmack.

MILCHSCHOKOLADE

Wie der Name bereits verrät, ist einer der Hauptbestandteile von Milchschokolade neben der Kakaomasse Milch oder auch Milchpulver. Dadurch schmeckt sie süßer und wird durch das Milchfett in ihrer Konsistenz weicher. Wegen des höheren Fettgehalts sollte die Schokolade nie über 20° C gelagert werden, da sie sonst schmelzen und ihr Aroma verlieren kann.

BITTERSCHOKOLADE

Bei einem Kakaoanteil von 70 Prozent und mehr spricht man von Bitterschokolade. Ihr typischer bitterer und herber Geschmack wird durch den Kakaoanteil bestimmt – je höher, desto herber und bitterer. Die etwas mildere Zartbitterschokolade besticht durch einen Kakaoanteil von 55 Prozent aufwärts.

KUVERTÜRE

Kuvertüre ist die perfekte Wahl für jede Kuchenglasur. Sie enthält mehr Kakaobutter und schmilzt dadurch besser. Zudem verleiht ihr dies einen schönen Glanz. Erhältlich ist Kuvertüre in den verschiedenen Schokoladensorten von weißer, Milch- und Zartbitterkuvertüre.

Temperieren

DIE IMPFMETHODE

1. Die Schokolade oder Kuvertüre wird soweit erhitzt, dass die komplette Masse geschmolzen ist (Temperatur: 40–45 °C). Dabei sollte zuerst nur zwei Drittel der Schokoladenmenge verwendet werden.

2. Nun wird das letzte Drittel der Schokolade zugefügt und zunächst ohne zu Rühren in die flüssige Schokolade gegeben.

3. Die temperierte Schokolade nun langsam unter Rühren schmelzen. Die fertige Schokoladenmasse sollte nun die ideale Temperatur haben.

SCHMELZTEMPERATUREN

Bei allen Schokoladensorten sollte die Temperatur im ersten Schritt zwischen 40–45 °C liegen.

SORTE	TEMPERATUR
DUNKLE SCHOKOLADE	40–45 °C
WEISSE SCHOKOLADE	40–45 °C
VOLLMILCHSCHOKOLADE	40–45 °C

IDEALE TEMPERATUREN

SORTE	TEMPERATUR
DUNKLE SCHOKOLADE	31–32 °C
WEISSE SCHOKOLADE	29,5–30 °C
VOLLMILCHSCHOKOLADE	30–30,5 °C

Conchieren

DIE REVOLUTION

Die wohl erfolgreichste Weiterentwicklung – und heute nicht mehr wegzudenken – ist das Conchieren von Schokolade. Diese Veredelung hat die Schokoladenherstellung revolutioniert und sorgt dafür, dass die Schokolade wunderbar schmilzt und auf der Zunge zergeht.

In der Conche, einem speziellen Knet- und Rührgerät, wird die Schokolade über mehrere Stunden oder Tage ständig in Bewegung und auf einer Temperatur zwischen 55 und 90 °C gehalten. Dadurch sinkt der Feuchtigkeitsgehalt auf unter 1 Prozent. Zudem verdampfen dabei Bitter- und Geruchsstoffe, was sich positiv auf den Geschmack der fertigen Schokolade auswirkt.

Rezepte

Schokoladen-FUDGE

FÜR 1 BACKFORM [CA. 20 × 14 CM]

10 MIN + 1 TAG [KÜHLEN]

ZUTATEN

FÜR DAS FUDGE

» 65 g gemahlene Haferflocken (alternativ 65 g Haferflocken)
» 65 g Proteinpulver (Vanille- oder Schokogeschmack)
» 65 g Backkakao
» 65 g Erdnussmus (alternativ Erdnusscreme)
» 65 g Agavendicksaft
» 65 g geschmolzenes Kokosöl
» 65 g Milch

AUSSERDEM

» Backpapier für die Backform

Die fein gemahlenen Haferflocken gegebenenfalls in einem Standmixer aus zarten oder auch kernigen Haferflocken selbst herstellen: Dafür die Haferflocken einfach in einem Standmixer einige Sekunden auf hoher Stufe zerkleinern, bis eine Art Mehl entstanden ist.

Für das Fudge alle Zutaten in dem Standmixer gründlich zu einer homogenen, klebrigen Masse verarbeiten. Die Backform mit Backpapier auslegen. Die Fudge-Masse hineingeben, mit den Händen gleichmäßig verteilen und platt drücken (Die Hände am besten vorher mit Wasser befeuchten, damit nichts daran kleben bleibt).

Das Schokoladen-Fudge über Nacht in den Kühlschrank stellen. Am nächsten Tag in Quadrate schneiden und an einem kühlen Ort aufbewahren – oder sofort genießen.

Mango-PRALINEN

FÜR 50 STÜCK

25 MIN + 1 STD [KÜHLEN]

ZUTATEN

FÜR DIE FÜLLUNG
» 50 g Zucker
» 1 Eigelb (Größe M)
» 25 g Mehl (Type 405)
» 2 EL + 250 ml Milch
» 100 g Mangofrucht-fleisch

AUSSERDEM
» 50 Pralinen-Hohlkugeln mit je Ø 2,5 cm in Zartbitter-, Vollmilch- und weißer Schokolade (online erhältlich)
» Spritzbeutel mit Lochtülle mit Ø 5 mm

Für die Füllung den Zucker mit dem Eigelb mit dem Handrührgerät schaumig rühren. Das Mehl und 2 EL Milch dazugeben und unterrühren. 250 ml Milch in einem Topf erhitzen. Die Zucker-Eigelb-Mischung hinzufügen und alles unter Rühren aufkochen. Den Topf vom Herd nehmen.

Das Mangofruchtfleisch fein pürieren und unter die Creme heben. Die Füllung unter gelegentlichem Rühren abkühlen lassen, bis sie lauwarm ist. Die lauwarme Füllung in einen Spritzbeutel mit Lochtülle füllen und in die Pralinen-Hohlkugeln spritzen. Die Pralinen in den Kühlschrank stellen und die Füllung in 30–60 Minuten fest werden lassen.

Tipp

Zum Füllen der Pralinen-Hohlkugeln die Kugeln am besten in eine entsprechende Pralinen-Kugelform legen. Diese wird in der Regel mitgeliefert. So bekommen die Pralinen Halt und rollen beim Befüllen nicht zur Seite. Die Pralinen nach Belieben verpacken und bis zum Vernaschen im Kühlschrank aufbewahren.

Marzipan-Plätzchen AM STIEL

FÜR 30 STÜCK

1 STD + 12 MIN [BACKEN]

ZUTATEN

FÜR DEN TEIG
- 200 g Mehl (Type 405)
- 75 g Speisestärke
- 100 g Zucker
- 2 EL Vanillezucker
- 1 Ei (Größe M)
- 175 g Butter
- 50 g gemahlene Mandeln

FÜR DIE FÜLLUNG
- 100 g Zartbitterkuvertüre
- 100 g Marzipanrohmasse
- 100 g Butter

AUSSERDEM
- Mehl für die Arbeitsplatte
- 30 flache Holzstiele
- 1 runde Ausstechform mit Ø 4 cm
- 150 g Vollmilchkuvertüre
- Haselnusskerne, Walnusskerne, Mandelstifte und bunte Zuckerstreusel zum Bestreuen

Für den Teig alle Zutaten mischen und zu einem krümeligen Teig verkneten. Den Teig zu einer Kugel formen, in Frischhaltefolie wickeln und 30 Minuten in den Kühlschrank legen.

Inzwischen die Kuvertüre in einer Schüssel über dem heißen Wasserbad schmelzen und herunternehmen. Marzipan und Butter würfeln, dazugeben und alles zu einer cremig-flüssigen Masse verrühren. Bis zur Verwendung in den Kühlschrank stellen und die Masse fest werden lassen.

Den Backofen auf 180 °C (Ober-/Unterhitze) vorheizen. Ein Backblech mit Backpapier auslegen. Den Teig auf einer bemehlten Arbeitsplatte kurz durchkneten und 3–4 mm dick ausrollen. Aus dem Teig 60 Kreise ausstechen und auf das Backblech legen. Die Teigkreise im Backofen (Mitte) 10–12 Minuten goldbraun backen.

Die Plätzchen herausnehmen und auskühlen lassen. Zum Füllen die Marzipan-Schoko-Masse kurz aufschlagen und 30 Plätzchen damit bestreichen. Die Stiele mittig in die Füllung drücken und ein zweites Plätzchen darauflegen. Die Vollmilchkuvertüre in einer Schüssel über dem heißen Wasserbad schmelzen und die Plätzchen damit bestreichen. Mit Nusskernen oder bunten Zuckerstreuseln verzieren. Die Plätzchen in den Kühlschrank legen und die Kuvertüre fest werden lassen.

Erdnuss-Karamell-SCHOKO-SCHNITTEN

FÜR 1 SPRINGFORM [Ø 28 CM]

45 MIN + 30 MIN [BACKEN]

ZUTATEN

FÜR DEN TEIG
- 200 g Mehl (Type 405)
- 4 EL Vanillezucker
- Salz
- 1 Ei (Größe M)
- 90 g weiche Butter

FÜR DEN ERDNUSS-KARAMELL
- 200 g Zucker
- 80 g Butter
- 80 g Sahne
- 200 g geröstete gesalzene Erdnusskerne

FÜR DEN SCHOKOLADENGUSS
- 100 g Zartbitterkuvertüre
- 20 g Butter

AUSSERDEM
- Margarine und Mehl für die Form
- Mehl für die Arbeitsplatte

Für den Teig Mehl, Vanillezucker und 1 Prise Salz in eine Rührschüssel geben und mischen. Das Ei und die weiche Butter dazugeben und alles zu einem krümeligen Teig verkneten. Den Teig zu einer Kugel formen, in Frischhaltefolie wickeln und für 30 Minuten in den Kühlschrank legen.

Backofen auf 170 °C (Ober-/Unterhitze) vorheizen. Die Form einfetten und mit Mehl ausstäuben. Den Teig auf einer bemehlten Arbeitsplatte ausrollen und in die Form legen. Teig im Ofen (Mitte) etwa 30 Minuten backen.

Inzwischen für den Erdnuss-Karamell den Zucker in eine Pfanne geben und bei mittlerer Hitze schmelzen, dabei gelegentlich umrühren, bis eine hellbraune, flüssige Masse entsteht. Die Butter unter Rühren dazugeben, bis sie geschmolzen ist. Die Pfanne vom Herd nehmen. Die Sahne unter Rühren hinzufügen und solange weiterrühren, bis eine zähe Karamellsauce entsteht. Die Erdnüsse unter die Sauce rühren.

Die Form aus dem Ofen nehmen. Den Erdnuss-Karamell auf dem Mürbeteig verteilen und glatt streichen. Für den Schokoladenguss Kuvertüre und Butter in einer Schüssel über dem heißen Wasserbad schmelzen und auf dem Karamell verteilen. Im Kühlschrank fest werden lassen. Zum Servieren in Stücke schneiden.

Granatapfel-Moon-COOKIES

FÜR 10 STÜCK **1 STD + 1 STD [KÜHLEN]**

ZUTATEN

FÜR DIE KEKSE
- 100 g kalte Butter
- 55 g Zucker
- Mark von 1 Vanilleschote
- 1 Ei (Größe M)
- 150 g Mehl (Type 550)
- 2 EL Backkakao

FÜR DIE CREME
- 100 g Granatapfelkerne (ca. ½ Granatapfel)
- 55 g Marshmallow-Fluff

FÜR DIE GLASUR
- 200 g Zartbitterschokolade

Alle Zutaten für die Kekse in eine Schüssel geben und zu einem geschmeidigen Teig verarbeiten. Den Teig in Frischhaltefolie wickeln und 1 Stunde im Kühlschrank kalt stellen. In der Zwischenzeit den Backofen auf 200 °C (Ober-/Unterhitze) vorheizen und ein Backblech mit Backpapier auslegen.

Den Teig zwischen zwei Lagen Frischhaltefolie etwa 0,5 cm dick ausrollen. Mit einem runden Keksausstecher 20 Kreise (Ø 6 cm) ausstechen, auf einem Backblech verteilen und im heißen Backofen 10–12 Minuten backen. Die Kekse nach dem Backen vollständig auskühlen lassen.

Den Granatapfel halbieren, die Kerne aus einer Hälfte herauslösen, dabei die weiße Haut entfernen und beiseitestellen. Nun die Kekse mit der Unterseite nach oben auf einer Arbeitsfläche verteilen und mit Marshmallow-Fluff bestreichen. Die Hälfte der Marshmallow-Kreise mit ⅔ der Granatapfelkerne belegen, anschließend mit der anderen Kekshälfte abdecken und etwas andrücken.

Die Zartbitterschokolade grob hacken und in einer Schüssel über einem Wasserbad schmelzen. Die Kekse mit der Schokolade vollständig überziehen und die restlichen Granatapfelkerne auf den Cookies verteilen. Auf einem Kuchenrost vollständig trocknen lassen und genießen.

Schokoladenkekse MIT ORANGE

FÜR 30 STÜCK **35 MIN + 1 STD** [KÜHLEN]

ZUTATEN

- » 120 g weiche Butter
- » 100 g Zucker
- » 1 Bio-Orange
- » 3 EL Backkakao
- » 200 g Mehl (Type 405)
- » 80 g Puderzucker

Die Butter mit dem Zucker mit dem Handrührgerät schaumig schlagen. Die Orange heiß waschen, abtrocknen, die Schale mit einem Zestenreißer oder Sparschäler in feinen Streifen abziehen und beiseitelegen. 2 EL Orangensaft auspressen und mit dem Backkakao verrühren. Mit dem Mehl unter die Butter-Zucker-Masse rühren. Den Teig in Frischhaltefolie wickeln und 1 Stunde kühl stellen.

Den Ofen auf 180 °C (Ober-/Unterhitze) vorheizen. Ein Backblech mit Backpapier auslegen. Den Teig zwischen Frischhaltefolie zu einer etwa 4 cm dicken Rolle formen, davon 30 etwa 3 mm dicke Scheiben abschneiden. Die Teigstücke mit etwas Abstand auf das Backblech legen und im heißen Ofen 15 Minuten backen.

Den Puderzucker mit 2 EL Wasser zu einem zähflüssigen Guss verrühren. Die Kekse auf einem Kuchengitter damit überziehen und mit Orangenschalenstreifen dekorieren.

Himbeer-Teilchen MIT SCHOKOLADE

FÜR 4 STÜCK **20 MIN + 20 MIN** [BACKEN]

ZUTATEN

- » 1 Blätterteig (Kühlregal)
- » 1 Eigelb (Größe M)
- » 100 g Himbeeren
- » 50 g weiße Schokolade
- » 2 EL Puderzucker

Backofen auf 220 °C (Ober-/Unterhitze) vorheizen. Ein Backblech mit Backpapier auslegen. Den Blätterteig auf eine Arbeitsfläche legen und vierteln. Das Eigelb verquirlen und die Ränder der Teigplatten damit bestreichen. Den Rest Eigelb beiseitestellen. Die Himbeeren verlesen, waschen und trocken tupfen. Die Schokolade fein reiben und mit den Himbeeren mischen. Die Mischung in die Mitte der einzelnen Teigplatten geben.

Den Teig zu Dreiecken falten und die Ränder fest andrücken. Die Teigstücke 15 Minuten in den Gefrierschrank stellen und fest werden lassen. Dann mit dem restlichen Eigelb bestreichen und im heißen Ofen (Mitte) 20 Minuten knusprig backen. Die Dreiecke herausnehmen und etwas abkühlen lassen. Mit dem Puderzucker bestreuen.

Orangen-Karamell-MUFFINS

FÜR 8 STÜCK

35 MIN + 15 MIN [BACKEN]

ZUTATEN

FÜR DEN KARAMELL
» 100 ml Orangensaft
» 300 g Rohrohrzucker
» 50 g weiche Butter
» 125 ml Sahne
» Mark von 1 Vanilleschote

FÜR DIE MUFFINS
» 225 g Dinkelmehl (Type 630)
» 2 gestrichene TL Backpulver
» Salz
» 30 g Backkakao
» 60 g weiche Butter plus etwas zum Einfetten
» 100 g Rohrohrzucker
» 1 Ei (Größe L)
» abgeriebene Schale von 1 Bio-Orange
» 100 ml Orangensaft
» 125 ml Milch
» 100 g Zartbitter-schokolade

AUSSERDEM
» ½ Bio-Orange
» 8 Kumquats

Für den Orangen-Karamell Orangensaft und Rohrohrzucker in einem Topf bei geringer Hitze auflösen. Die Masse solange kochen, bis sie leicht dickflüssig wird. Nun die Butter unterrühren und anschließend mit der Sahne aufgießen. Die Masse unter ständigem Rühren etwa 20 Minuten bei geringer Hitze köcheln lassen. (Der Karamell sollte anschließend schön dickflüssig sein!) Zum Schluss das Vanillemark unterrühren. Alles in ein sauberes Glas füllen und im Kühlschrank kalt stellen.

Für die Orangenmuffins den Backofen auf 190 °C (Ober-/Unterhitze) vorheizen und 8 Förmchen (Ø 7 cm) gut einfetten. Mehl, Backpulver, 1 Prise Salz und Kakao in einer Schüssel vermischen. In einer weiteren Schüssel Butter, Zucker, Ei, Orangenschale und -saft cremig rühren. Das Mehlgemisch zusammen mit der Milch unter den Teig rühren und zu einem geschmeidigen Teig verarbeiten. Schokolade hacken und unterheben. Den Teig in die Förmchen füllen und im heißen Ofen (Mitte) 15 Minuten backen.

Nach dem Backen auf einem Kuchengitter vollständig auskühlen lassen. Die Orange in 8 Stücke schneiden und die Kumquats halbieren. Muffins mit jeweils 1 TL Orangenkaramell bestreichen und mit den Orangenstücken und den Kumquats dekorieren und genießen.

Energy BALLS

FÜR CA. 16 STÜCK

10 MIN

ZUTATEN

- 120 g Haselnusskerne
- 90 g getrocknete Datteln (ohne Stein)
- 2 EL Backkakao
- 1 TL Ahornsirup (alternativ Honig)
- 1 TL gemahlener Zimt
- 1 Msp. Lebkuchengewürz
- Salz

ZUM GARNIEREN

- Backkakao
- Lakritzpulver

Die Haselnüsse in einer Pfanne ohne Fett einige Minuten unter gelegentlichem Rühren rösten. Dann die Nüsse mit den Datteln, Kakao, Ahornsirup, Zimt, Lebkuchengewürz und 1 Prise Salz in einen Hochleistungsmixer geben und zu einer homogenen Masse pürieren.

Die Masse mit den Händen zu kleinen Bällchen formen. Die Bällchen kann man einfach pur genießen oder zum Beispiel in Kakaopulver oder Lakritzpulver wälzen. Energy Balls halten sich in einem verschlossenen Gefäß einige Tage im Kühlschrank.

Tipp

Man kann die Energy Balls nach Lust und Laune abwandeln: Statt Haselnüssen kann man auch andere Nüsse nehmen. Toll sind auch andere Trockenfrüchte. Und bei den Gewürzen kann man ebenfalls variieren.

Schoko-Brownies IM EI

FÜR 7 STÜCK

40 MIN + 20 MIN [BACKEN]

ZUTATEN

FÜR DEN TEIG
» 100 g Zartbitterkuvertüre
» 65 g Butter
» 1 Ei (Größe M)
» 2 EL Vanillezucker
» 100 g Zucker
» 60 g Mehl (Type 405)
» 1 TL Backpulver
» Salz

AUSSERDEM
» 7 Eier(schalen)
» 7 TL Öl
» 1 Metallspieß
» Alufolie
» 7 Muffin-Förmchen

Die 7 Eier jeweils an der Spitze mit einem Metallspieß ein 1,5–2 cm großes Loch in die Schale bohren, sodass das Innere des Eis komplett herausfließen kann. Die Schalen gut mit Wasser ausspülen, kopfüber in einen Eierkarton stellen und trocknen lassen. Anschließend in jede Eierschale 1 TL Öl geben, kurz schwenken und das überschüssige Öl auslaufen lassen.

Inzwischen für den Teig die Zartbitterkuvertüre in eine kleine Schüssel bröckeln und die Butter in Stückchen dazugeben. Beides über einem heißen Wasserbad schmelzen, dann kurz abkühlen lassen. Inzwischen das Ei mit Vanillezucker und Zucker mit dem Handrührgerät schaumig schlagen. Die Kuvertüre-Butter-Mischung unter die Ei-Zucker-Mischung rühren. Das Mehl mit Backpulver und 1 Prise Salz mischen, dazugeben und alles zu einem glatten Teig verrühren.

Alufolie in sieben Streifen schneiden, die Streifen zu kleinen Würsten aufrollen und in der Größe der Muffin-Förmchen zu Kränzen zusammenlegen. Die Folienkränze so in die Vertiefungen der Form legen, dass die Eier nicht umkippen können. Den Backofen auf 180 °C (Ober-/Unterhitze) vorheizen.

Die Eierschalen jeweils zu zwei Dritteln mit dem Teig füllen. Die Brownie-Eier in die Förmchen setzen und im Backofen (Mitte) 15–20 Minuten backen. Die Stäbchenprobe machen. Die Eier herausnehmen und vollständig auskühlen lassen.

Heidelbeer-Brownies IM GLAS

FÜR 4 GLÄSER À 200 ML **10 MIN + 30 MIN** [BACKEN]

ZUTATEN

FÜR DEN TEIG
- 150 g Mehl (Type 405)
- 3 EL Backkakao
- 1 EL Backpulver
- 1 EL Vanillezucker
- 80 g Zucker
- 80 ml Milch
- 1 Ei (Größe M)
- 60 ml neutrales Pflanzenöl
- 100 g Heidelbeeren

AUSSERDEM
- 4 Weckgläser
- Margarine für die Gläser
- Puderzucker zum Bestreuen

Den Backofen auf 180 °C (Ober-/Unterhitze) vorheizen. Die Gläser einfetten. Für den Teig Mehl, Backkakao, Backpulver, Vanillezucker und Zucker in eine Rührschüssel geben und mischen. Die Milch und das Ei dazugeben und unterrühren. Das Öl dazugießen und alles zu einem cremigen Teig verrühren.

Die Heidelbeeren verlesen, waschen, trocken tupfen und unter den Teig heben. Die Gläser zu knapp zwei Dritteln mit dem Teig füllen. Brownies im heißen Ofen (Mitte) etwa 30 Minuten backen. Die Stäbchenprobe machen.

Die Brownies aus dem Backofen nehmen und auskühlen lassen. Danach im Glas mit Puderzucker bestreuen und servieren. Sie schmecken auch lauwarm sehr gut.

Tipp

Wenn man die Brownies in Weckgläsern bäckt und direkt nach dem Backen mit Deckeln und Einmachringen verschließt, halten sie sich einige Tage im Glas frisch.

Schoko-Erdnuss-WHOOPIES

FÜR 10 STÜCK

40 MIN + 12 MIN [BACKEN]

ZUTATEN

FÜR DEN TEIG
» 3 Eier (Größe M)
» Salz
» 75 g Zucker
» 75 g Mehl (Type 405)
» 2 EL Backkakao

FÜR DIE CREME
» 100 g Frischkäse
» 80 g Puderzucker
» 60 g Erdnusscreme

AUSSERDEM
» Spritzbeutel mit Lochtülle mit Ø 10–15 mm
» 50 g Zartbitterkuvertüre
» 10 Erdnusskerne

Den Backofen auf 180 °C (Ober-/Unterhitze) vorheizen und ein Backblech mit Backpapier auslegen.

Die Eier trennen. Die Eiweiße mit 1 Prise Salz steif schlagen. Nach und nach den Zucker einrühren. Das Eigelb unter den Eischnee heben. Mehl und Backkakao mischen, sieben und ebenfalls unter die Eiermasse ziehen.

Aus dem Teig mithilfe des Spritzbeutels 20 Kreise mit etwa Ø 4 cm nebeneinander auf das Blech setzen. Dabei zwischen den Whoopies genügend Platz lassen, da sie noch etwas aufgehen. Die Whoopies im Ofen (Mitte) etwa 12 Minuten backen. Herausnehmen, abkühlen lassen und die Teighälften vorsichtig vom Backpapier lösen.

Für die Creme den Frischkäse mit Puderzucker mischen. Erdnusscreme unterheben und alles zu einer cremigen Masse vermengen. Die Creme mithilfe des Spritzbeutels auf der Hälfte der Whoopies verteilen. Anschließend mit einem zweiten Woopie bedecken.

Zum Verzieren die Kuvertüre hacken, über einem warmen Wasserbad langsam schmelzen und die Whoopies damit oben bestreichen. Die Erdnusskerne hacken und auf der Kuvertüre verteilen. Kurz im Kühlschrank abkühlen lassen, bis die Schokolade fest geworden ist.

S'mores-CUPCAKES

FÜR 24 STÜCK · **25 MIN + 20 MIN** [BACKEN]

ZUTATEN

FÜR DEN BODEN
- 100 g Butter
- 16 Butterkekse
- 2 EL Honig

FÜR DEN TEIG
- 150 g weiche Butter
- 150 g Zucker
- 1 EL Vanillezucker
- 2 Eier (Größe M)
- 100 g Zartbitterkuvertüre
- 250 g Mehl (Type 405)
- Salz
- ½ Pck. Backpulver
- ½ Pck. Puddingpulver (Schokoladengeschmack)
- 75 ml Milch

FÜR DAS FROSTING
- 3 Eiweiß (Größe M)
- 150 g Zucker

AUSSERDEM
- 2 x 12er-Muffinbleche
- 24 Muffin-Papierbackförmchen
- Spritzbeutel mit Sterntülle
- Flambierer
- je 24 Mini-Butterkekse und Zartbitterschokoladenstücke

Den Backofen auf 150 °C (Umluft) vorheizen. Die Mulden der Bleche mit Papierbackförmchen auslegen. Für die Böden die Butter schmelzen und die Butterkekse zerbröseln. Dazu Kekse in einen Gefrierbeutel geben und mit dem Nudelholz zerkleinern. Anschließend mit Butter und Honig vermengen, auf die Muffinförmchen verteilen und andrücken.

Für den Teig die Butter mit Zucker, Vanillezucker und Eiern verrühren. Die Zartbitterkuvertüre hacken, über einem warmen Wasserbad schmelzen und unterheben. Das gesiebte Mehl mit 1 Prise Salz, Backpulver und Puddingpulver mischen und unter die Masse heben. Zum Schluss die Milch unterrühren. Den Teig auf die Muffinförmchen verteilen und im Ofen 20 Minuten backen. Die Stäbchenprobe machen. Aus dem Ofen nehmen und abkühlen lassen.

Sobald die Muffins abgekühlt sind, für das Frosting die Eiweiße mit Zucker steif schlagen und mithilfe des Spritzbeutels auf den Muffins verteilen. Das Topping kurz mit dem Flambierer bräunen. Anschließend die Cupcakes mit je 1 Mini-Butterkeks und Schokoladenstück garnieren.

Schokokuss-Törtchen MIT PHYSALIS

FÜR 6 STÜCK

20 MIN + 20 MIN [BACKEN]

ZUTATEN

FÜR DEN TEIG
- 75 g Butter
- 75 g Zucker
- 1 Ei (Größe M)
- 1 TL Vanillezucker
- 75 g Mehl (Type 405)
- 1 TL Backpulver

FÜR DIE CREME
- 3 Schokoküsse
- 100 g Sahne
- 1 TL Puderzucker
- 100 g Speisequark (20% Fett)
- 1 EL Zitronensaft

AUSSERDEM
- 6 Tartelettförmchen mit Ø 10 cm
- Margarine und Mehl für die Form
- 6 Physalis

Den Backofen auf 175 °C (Ober-/Unterhitze) vorheizen. Die Tartelettförmchen einfetten und mit Mehl ausstäuben.

Für den Teig die Butter mit Zucker, Ei und Vanillezucker schaumig rühren. Mehl und Backpulver mischen. Die Mehlmischung nach und nach dazugeben und alles zu einem cremigen Teig verrühren. Den Teig gleichmäßig auf die Förmchen verteilen und im Backofen (Mitte) 20 Minuten backen. Anschließend die Förmchen herausnehmen, die Böden vollständig auskühlen lassen und vorsichtig aus den Förmchen lösen.

Für die Creme die Böden von den Schokoküssen abnehmen und beiseitelegen. Sahne mit Puderzucker steif schlagen und mit der Schaummasse der Schokoküsse, Quark und Zitronensaft zu einer cremigen Masse verrühren. Die Creme auf den Teigböden verteilen. Die Hülle der Physalis öffnen. Die Schokokussböden und je 1 Physalis auf die Törtchen setzen und servieren.

Red-Bean-BROWNIES

FÜR 1 BACKFORM [CA. 23 x 23 CM]

25 MIN + 30 MIN [BACKEN]

ZUTATEN

FÜR DEN TEIG
- 250 g Kidneybohnen (Dose)
- 50 g Zartbitterschokolade
- 25 g Kokosöl
- 30 g Backkakao
- 40 g Kleinblatt-Haferflocken
- Salz
- 100 g Agavendicksaft
- 50 g Apfeldicksaft (alternativ Agavendicksaft)
- 10 g Backpulver
- 1 Ei (Größe M)

FÜR DAS FROSTING
- 250 g Magerquark
- 1 EL Backkakao (nach Belieben etwas mehr zum Bestäuben)
- 1 EL Agavendicksaft (alternativ Apfeldicksaft)
- 1 EL Milch

Den Backofen auf 180 °C Umluft (200 °C Ober-/Unterhitze) vorheizen. Die Backform mit Backpapier auslegen. Die Kidneybohnen in einem Sieb waschen, komplett abtropfen lassen, in den Standmixer geben und pürieren. Die Schokolade klein hacken und über einem Wasserbad schmelzen. Kokosöl dazugeben.

Alle weiteren Zutaten für den Teig in den Standmixer geben und zerkleinern (wer keinen Standmixer besitzt, kann die Zutaten auch einfach mit einem Handrührgerät mixen; dann haben die Brownies später eine etwas grobere Konsistenz, weil die Haferflocken nicht zerkleinert werden).

Den Teig in die Backform geben und im heißen Ofen (Mitte) 15 Minuten backen. Die Stäbchenprobe machen. Vorsicht: Die Brownies sollten auf keinen Fall länger als nötig im Ofen bleiben, sonst werden sie zu trocken! Auskühlen lassen.

Für das Frosting alle Zutaten glatt rühren und auf den Brownies verstreichen. Nach Belieben mit etwas Kakaopulver bestäuben. Gleich servieren oder einen Tag durchziehen lassen – dann schmecken sie am besten!

Tipp

Wer süßere Brownies liebt, sollte zusätzlich noch 2–3 EL Rohrohrzucker oder Kokosblütenzucker in den Teig geben.

Himbeer-Brownie-CUPCAKES

FÜR 12 CUPCAKES **25 MIN + 25 MIN** [BACKEN]

ZUTATEN

FÜR DIE BROWNIES
- 250 g frische Himbeeren
- 115 g Zartbitterschokolade
- 100 g Butter
- 150 g Zucker
- 1 TL Vanilleextrakt
- 4 Eier (Größe M)
- 100 g Mehl
- 1 TL Backpulver
- 2 EL Backkakao
- Salz

FÜR DAS TOPPING
- 85 g Zartbitterschokolade
- 175 g Frischkäse

AUSSERDEM
- Muffinblech mit Papierförmchen

Den Backofen auf 175 °C (Ober-/Unterhitze) vorheizen und ein Muffinblech mit Papierförmchen auslegen. Die Himbeeren verlesen, waschen und auf einem Küchentuch gut abtropfen lassen. 150 g Himbeeren für die Deko beiseitestellen. Die Zartbitterschokolade grob gehackt und mit der Butter über einem Wasserbad schmelzen.

Zucker, Vanilleextrakt und Eier cremig rühren. Anschließend die Schokoladenmasse unterrühren. Mehl, Backpulver, Kakao und 1 Prise Salz mischen, über den Schokoladenteig sieben und zu einem geschmeidigen Teig verarbeiten. 100 g Himbeeren vorsichtig unter den Teig heben und in die Muffinförmchen füllen. Im heißen Backofen (Mitte) 20–25 Minuten backen. Nach dem Backen auf einem Kuchenrost auskühlen lassen.

Für das Topping die Schokolade über einem Wasserbad schmelzen. Den Frischkäse in einer Schüssel cremig rühren und mit der geschmolzenen Schokolade verrühren. Die Schokoladenmousse in einen Spritzbeutel mit beliebiger Tülle füllen und jeweils einen kleinen Tuff auf die Muffins spritzen. Die Cupcakes nun mit den restlichen Himbeeren dekorieren und im Kühlschrank 1 Stunde kalt stellen.

Kürbis-Beeren-SCHOKOTORTE

FÜR EINE PANETTONEFORM [Ø 18 CM] **45 MIN + 2 STD** [KÜHLEN]

ZUTATEN

FÜR DEN TEIG
- 200 g Zartbitterschokolade
- 150 g Hokkaido-Kürbis
- 125 g weiche Butter
- 175 g Zucker
- Mark von 1 Vanilleschote
- 3 Eier (Größe M)
- 200 g Mehl (Type 405)
- 50 g Speisestärke
- 2 TL Backpulver
- 2 EL Backkakao
- Salz
- ½ TL gemahlener Zimt
- 2 EL Milch

FÜR DIE CREME
- 150 g Schlagsahne
- 300 g Mascarpone
- 75 g Zucker

FÜR DIE DEKO
- 250–300 g gemischte Früchte (Brombeeren, Heidelbeeren, Johannisbeeren)

Backofen auf 180 °C (Ober-/Unterhitze) vorheizen und den Boden der Form mit Backpapier auslegen. 50 g Schokolade über einem Wasserbad schmelzen. Kürbis waschen, entkernen und grob raspeln. In einer Schüssel Butter, Zucker und Vanillemark cremig rühren. Die Eier nach und nach unterrühren. Mehl, Stärke, Backpulver, Kakao, 1 Prise Salz und Zimt gut miteinander vermischen.

Die trockenen Zutaten und die Milch zum Butter-Ei-Gemisch geben und zu einem geschmeidigen Teig mixen. Abschließend Kürbis und Schokolade unter den Teig heben. Den Teig in die Form füllen und im heißen Backofen 45–55 Minuten backen.

In der Zwischenzeit die restliche Schokolade über einem Wasserbad schmelzen. Mit einem Backpinsel 10 cm lange Streifen Schokolade auf ein Backpapier auftragen. Trocknen lassen. Boden vollständig auskühlen lassen und zweimal waagerecht durchschneiden.

Sahne steif schlagen. Mascarpone mit Zucker cremig rühren und anschließend unter die Sahne heben. Die Creme auf die Böden streichen, schichten und mit Creme abschließen.

Die Früchte waschen, trocknen und die Torte damit dekorieren. Die Außenwände mit etwas Schokolade bestreichen und die Schokoladenstreifen außen aufbringen. Im Kühlschrank mindestens 2 Stunden kalt stellen.

Schwarzwälder-Kirsch-WAFFELTORTE

FÜR 1 TORTE · 30MIN + 30 MIN [BACKEN]

ZUTATEN

FÜR DIE WAFFELN
- 200 g weiche Butter
- 200 g Zucker
- 4 Eier (Größe M)
- 1 EL Vanillezucker
- 1 Spritzer Zitronensaft
- Salz
- 200 g Mehl (Type 405)
- 3 EL Backkakao
- 1 Pck. Puddingpulver (Schokoladen-geschmack)
- 75 ml Milch

FÜR DIE FÜLLUNG
- 200 g Sahne
- 1 EL Vanillezucker
- 1 TL Puderzucker
- 1 Pck. roter Tortenguss
- 50 ml Kirschwasser
- 250 g Kirschen (frisch oder Glas)
- Schokoraspel

AUSSERDEM
- Waffeleisen
- Butter für das Waffeleisen
- Spritzbeutel mit Sterntülle

Für die Waffeln Butter mit Zucker und Eiern schaumig rühren. Vanillezucker mit Zitronensaft und 1 Prise Salz dazugeben. Mehl mit Kakao und Puddingpulver langsam einrühren. Zum Schluss Milch hinzufügen und alles zu einem glatten Teig rühren. Das Waffeleisen erhitzen und mit Butter einpinseln. Nacheinander aus dem Teig etwa 7 Waffeln backen und diese auf einem Kuchengitter vollständig abkühlen lassen.

Für die Füllung die Sahne mit Vanillezucker und Puderzucker steif schlagen. Bis zur Verwendung in den Kühlschrank stellen.

Den Tortenguss in einem kleinen Topf mit dem Kirschwasser und 200 ml Wasser verrühren und kurz aufkochen lassen. Den Topf vom Herd nehmen. Die Kirschen waschen, entsteinen und unterrühren (Kirschen aus dem Glas gut abtropfen lassen). Die Kirschen solange in den Kühlschrank stellen, bis der Guss fest geworden ist. Die Sahne mithilfe des Spritzbeutels als kleine Tuffs auf die Waffeln setzen und die Kirschen darauf verteilen. Die belegten Waffeln zu einer Torte übereinanderschichten und mit Schokoraspeln bestreut servieren.

Tipp

Ihr könnt die Waffeln auch am Vortag backen und über Nacht in den Kühlschrank stellen, sie schmecken am nächsten Tag noch sehr lecker.

Erdnuss-Karamell-TORTE

FÜR 1 TORTE [Ø 15 CM]

1 STD + 30 MIN [BACKEN]

ZUTATEN

FÜR DIE BÖDEN
- 300 g Butter
- 200 g Zucker
- 5 Eier (Größe M)
- 150 g Mehl (Type 405)
- 100 g gemahlene Mandeln
- Salz
- 1 TL Backpulver
- 50 g Backkakao
- 80 g Schokoladenraspel

FÜR DIE NUSSCREME
- 50 ml Milch
- 1 EL Backkakao
- 2 EL Ahornsirup
- 100 g gemahlene Haselnusskerne
- 100 g Mascarpone

FÜR DEN KARAMELL
- 100 g Zucker
- 40 g Butter
- 60 g Sahne
- 100 g geröstete gesalzene Erdnusskerne

FÜR DAS TOPPING
- 25 g Vollmilchkuvertüre
- Erdnusskerne

AUSSERDEM
- 3 Springformen mit je Ø 15 cm
- Margarine und Mehl für die Formen

Backofen auf 180 °C (Ober-/Unterhitze) vorheizen. Formen einfetten und mit Mehl ausstäuben. Butter mit Zucker schaumig rühren. Eier nach und nach unterrühren. Die restlichen Zutaten dazugeben und alles zu einem zähflüssigen Teig verrühren. Den Teig auf die Formen verteilen und im Ofen (Mitte) etwa 30 Minuten backen. Der Teig sollte nicht mehr flüssig, aber saftig sein. Die Böden herausnehmen, aus den Formen lösen und vollständig auskühlen lassen.

Für die Creme Milch mit Kakao aufkochen. Ahornsirup dazugeben und bei niedriger Hitze unter Rühren 1–2 Minuten köcheln lassen. Den Topf vom Herd nehmen und die Haselnusskerne unterheben. Mascarpone hinzufügen und verrühren. Zwei Böden mit Creme bestreichen und übereinander setzen. Dritten Boden aufsetzen.

Für den Karamell Zucker schmelzen, bis ein hellbrauner, flüssiger Karamell entsteht. Die Butter unter Rühren dazugeben, bis alles glatt ist. Vom Herd nehmen, Sahne dazugeben und zu einer cremigen Karamellsauce verrühren. Die Erdnüsse unterheben und auf dem obersten Tortenboden verteilen. Die Kuvertüre über einem heißen Wasserbad schmelzen und auf der Torte verteilen. Mit Erdnüssen verzieren.

Schokoladen-Oreo-TÖRTCHEN

FÜR 1 TÖRTCHEN [Ø 15 CM] **25 MIN + 30 MIN** [GAREN]

ZUTATEN

FÜR DEN TEIG
» 75 g Butter
» 270 g Mehl (Type 405)
» 60 g Backkakao
» ½ Pck. Backpulver
» 2 TL Natron
» 300 g Zucker
» 4 Schokoladen-Vanille-Kekse (z.B. Oreo®)
» 2 Eier (Größe M)
» 225 ml Milch
» 150 ml heißer Kaffee

FÜR DIE CREME
» 3 EL Sahne
» 4 EL Puderzucker
» 300 g Mascarpone

FÜR DAS TOPPING
» 150 g Zartbitterkuvertüre
» 10 Schokoladen-Vanille-Kekse (z.B. Oreo®)

AUSSERDEM
» 2 Springformen mit je Ø 15 cm
» Margarine und Mehl für die Formen

Backofen auf 180 °C (Ober-/Unterhitze) vorheizen. Springformen einfetten und mit Mehl ausstäuben. Für den Teig Butter schmelzen und etwas abkühlen lassen. Mehl mit Backkakao, Backpulver, Natron und Zucker in einer Schüssel mischen. Kekse in einen Gefrierbeutel geben und mit einem Nudelholz zerbröseln. Zuerst die Eier, dann die Butter unter die Mehlmischung rühren. Danach Milch und heißen Kaffee dazugießen und unterrühren. Zum Schluss die Keksbrösel unter den Teig heben.

Den Teig in die Formen füllen und im Backofen (Mitte) 35–40 Minuten backen. Die Stäbchenprobe machen. Formen aus dem Ofen nehmen, kurz abkühlen lassen, dann auf einem Kuchengitter komplett auskühlen lassen.

Für die Creme Sahne mit Puderzucker steif schlagen, dann mit Mascarpone verrühren. Creme kühl stellen. Die kalte Creme auf einen Boden streichen, den zweiten Boden daraufsetzen. Kuvertüre über einem heißen Wasserbad schmelzen. Den oberen Boden damit bestreichen, dabei seitlich etwas herunterlaufen lassen. Das Törtchen einige Minuten kalt stellen, bis die Kuvertüre beginnt fest zu werden.

8 Kekse gleichmäßig auf der Kuvertüre verteilen. 2 Kekse zerbröseln und in die Mitte des Törtchens streuen. Zum Festwerden der Kuvertüre in den Kühlschrank stellen.

Schoko-Florentiner-TARTE

FÜR 1 QUICHEFORM [Ø 26 CM]

25 MIN + 30 MIN [BACKEN]

ZUTATEN

FÜR DEN TEIG

» 1 Vanilleschote
» 200 g Mehl (Type 550)
» 60 g brauner Zucker
» 160 g kalte Butter
» 2 EL Backkakao

FÜR DEN BELAG

» 50 g Orangeat
» 50 g Zitronat
» 80 g brauner Zucker
» 70 g Honig
» 60 g Butter
» 120 g Sahne
» 150 g Mandelblättchen

AUSSERDEM

» Butter für die Form
» 200 g Zartbitterschokolade (70% Kakaoanteil)
» 50 g Sahne
» Fleur de Sel (alternativ feines Meersalz)

Den Backofen auf 160 °C (Ober-/Unterhitze) vorheizen. Eine Form einfetten. Die Vanilleschote längs aufschneiden und das Mark herauskratzen.

Für den Teig das Mehl mit braunem Zucker, Butter in Stückchen, Vanillemark und Backkakao verkneten. Den Teig zwischen zwei Lagen Backpapier zu einem etwa 4 mm dicken Kreis ausrollen. Den Teigkreis in die Form legen und einen etwa 3 cm hohen Rand hochziehen, die Überstände gleichmäßig abschneiden. Den Teig mit einer Gabel mehrmals einstechen. Den Tarteboden im Backofen (Mitte) etwa 30 Minuten backen. Danach herausnehmen und die Tarte abkühlen lassen.

Inzwischen das Orangeat und Zitronat fein hacken. Den braunen Zucker mit Honig, Butter und Sahne erhitzen, Orangeat, Zitronat und die Mandeln unterrühren und bei niedriger Hitze etwa 3 Minuten köcheln lassen. Die Mandelmasse auf dem Tarteboden verteilen und erkalten lassen.

Die Schokolade fein hacken und mit der Sahne in einem Topf bei niedriger Hitze schmelzen lassen. Die Schokoladensahne etwas abkühlen lassen, dann auf der Florentinermasse verteilen und vollständig auskühlen lassen. Die Tarte nach Belieben mit 1 kräftigen Prise Salz bestreuen und servieren.

Schoko-Cashew-TÖRTCHEN

FÜR EINE SPRINGFORM [Ø 20 CM]

25 MIN + 1 TAG [KÜHLEN]

ZUTATEN

FÜR DEN BODEN
- 100 g gemahlene Mandeln
- 100 g getrocknete Datteln

FÜR DIE CREME
- 300 g Cashewkerne, über Nacht in Wasser eingeweicht und abgetropft
- 5 EL Reissirup (alternativ Agavendicksaft)
- 50 g geschmolzenes Kokosöl
- 2 EL Backkakao
- Saft von 1 Zitrone

AUSSERDEM
- Kokosfett für die Springform
- Backkakao zum Bestreuen

Die Springform einfetten. Für den Boden Mandeln und Datteln in einem Standmixer zu einer klebrigen Masse verarbeiten. In die Springform geben, gleichmäßig verteilen und festdrücken (Das funktioniert am besten mit den Händen; befeuchtet sie vorher mit Wasser, damit nichts daran kleben bleibt). Die Cashewkerne mit den übrigen Zutaten für die Schokocreme in einen Standmixer geben. Innerhalb von einigen Minuten zu einer cremigen Masse verarbeiten (nicht ungeduldig werden, das dauert etwas). Die Schokocreme in der Springform verteilen, die Oberfläche glatt streichen.

Das Törtchen mindestens 1 Tag im Kühlschrank fest werden lassen. Vor dem Servieren noch mit Backkakao bestreuen.

Tipp

Verzehren Sie diese Köstlichkeit unbedingt gekühlt, sonst läuft die Schokocreme auseinander.

Weiße Schokoladen-KOKOS-TARTE

FÜR EINE SPRINGFORM [Ø 26 CM]

25 MIN + 30 MIN [BACKEN]

ZUTATEN

FÜR DEN TEIG:
- 1 Vanilleschote
- 200 g Mehl (Type 550)
- 60 g Zucker
- 160 g kalte Butter
- 1 EL Kokosraspel

AUSSERDEM
- 200 g weiße Schokolade
- 50 g Kokosmilch (Dose)
- 2 EL Kokosraspel

Den Backofen auf 160 °C (Ober-/Unterhitze) vorheizen. Die Vanilleschote längs aufschneiden und das Mark herauskratzen. Für den Teig das Mehl mit Zucker, Butter in Stückchen, Vanillemark und Kokosraspeln verkneten. Den Teig zwischen zwei Lagen Backpapier zu einem etwa 4 mm dicken Kreis ausrollen und den Teigkreis in die Form legen, dabei einen etwa 3 cm hohen Rand hochziehen. Den Boden mit einer Gabel mehrmals einstechen, anschließend im Backofen (Mitte) etwa 30 Minuten backen. Danach herausnehmen und abkühlen lassen.

Für die Schokoladendecke die weiße Schokolade fein hacken. Schokolade und Kokosmilch in einen Topf geben und aufkochen, bei niedriger Hitze schmelzen lassen. Die Schoko-Kokos-Masse etwas abkühlen lassen, danach auf dem Tarteboden verteilen. Im Kühlschrank abkühlen lassen. Die Tarte mit Kokosraspeln bestreuen und servieren.

Ricotta-Crostata MIT SCHOKOLADE

FÜR 1 SPRINGFORM [Ø 18 CM]

40 MIN + 30 MIN [BACKEN]

ZUTATEN

FÜR DEN TEIG
- 1 Bio-Zitrone
- 400 g Mehl (Type 550)
- 130 g Zucker
- 160 g kalte Butter
- 2 Eier (Größe M)

FÜR DEN BELAG
- 2 Eier (Größe M)
- 100 g Zartbitterschokolade (70% Kakaoanteil)
- 1 Bio-Orange
- 400 g Ricotta
- 100 g Puderzucker

AUSSERDEM
- Butter für die Form
- gehackte Schokolade zum Bestreuen

Für den Teig die Zitrone heiß waschen, abtrocknen und die Schale abreiben. Das Mehl mit Zucker, Butter in Stückchen, Eiern und Zitronenschale in einer Schüssel zu einem glatten Teig verkneten. Den Teig zu einer Kugel formen, in Frischhaltefolie wickeln und im Kühlschrank etwa 30 Minuten ruhen lassen.

Für den Belag die Eier trennen. Die Eiweiße steif schlagen und kühl stellen. Die Schokolade grob hacken. Die Orange heiß waschen, abtrocknen und die Schale abreiben. Ricotta mit Eigelben und Puderzucker verrühren. Schokolade und Orangenschale hinzufügen und untermischen. Den Eischnee unterheben und alles vorsichtig glatt verrühren.

Den Backofen auf 180 °C (Ober-/Unterhitze) vorheizen. Eine Springform mit Backpapier auslegen. Von dem Teig ein Viertel abnehmen und beiseitelegen. Den Rest zwischen zwei Lagen Backpapier zu einem etwa 4 mm dicken Kreis ausrollen. Den Teigkreis in die Form legen und einen etwa 3 cm hohen Rand hochziehen, überstehende Ränder gleichmäßig abschneiden. Den übrigen Teig zu einem etwa 4 mm dicken Quadrat ausrollen und dieses in etwa 1 cm breite Streifen schneiden.

Die Ricotta-Schokoladen-Creme auf den Crostata-Boden gießen. Die Teigstreifen im Abstand von etwa 1 cm so darauflegen, dass ein Streifenmuster entsteht. Die Crostata im Backofen (Mitte) in 30 Minuten goldbraun backen. Danach herausnehmen, mit etwas gehackter Schokolade bestreuen und warm oder kalt servieren.

Brombeer-Mousse-TARTE

FÜR 1 TARTEFORM [23 x 23 CM]

40 MIN + 4 STD [KÜHLEN + BACKEN]

ZUTATEN

FÜR DEN BODEN
» 100 g Vollkornreismehl
» 35 g Quinoamehl
» 1 TL Johannisbrotkern-mehl
» 2 TL Flohsamen
» 50 g Backkakao
» 100 g Rohrohrzucker
» 1 Prise Salz
» 100 g kalte Margarine plus etwas für die Form
» 1 großer EL Erdnussmus

FÜR DIE MOUSSE
» 200 g Zartbitterschoko-lade
» 400 g Seidentofu (abgetropft)

FÜR DAS BAISER
» 200 ml Aquafaba (Kichererbsenwasser)
» ½ TL Xanthan Gum
» 90 g Puderzucker
» Hibiskusblütenpulver

FÜR DIE DEKO
» 400 g Brombeeren
» Waldmeister

Die Zutaten für den Boden gut miteinander vermischen und alles zu einem geschmeidigen Teig verkneten. In Frischhaltefolie wickeln und 2 Stunden kalt stellen. Den Backofen auf 180 °C (Ober-/Unterhitze) vorheizen, eine Tarteform einfetten und den Teig in die Form drücken. Die Tarte im heißen Ofen 25 Minuten backen. Nach dem Backen vollständig auskühlen lassen.

Für die Schokoladenmousse die Schokolade grob hacken und über einem Wasserbad langsam schmelzen. Seidentofu in eine Schüssel geben und cremig rühren. Die geschmolzene Schokolade vorsichtig unter den Tofu rühren, bis eine geschmeidige Creme entsteht. Die Mousse auf der Tarte verstreichen und 2 Stunden im Kühlschrank kalt stellen.

Für das Baiser ein Backblech mit Backpapier auslegen und den Backofen auf 100 °C vorheizen. Aquafaba und Xanthan Gum mit einem Handrührgerät auf höchster Stufe aufschlagen. Puderzucker esslöffelweise unterrühren. Solange weiterrühren, bis sich weiße Baiserspitzen bilden. Das kann 10–15 Minuten dauern. Die Masse sollte schön steif sein. Das Baiser in einen Spritzbeutel füllen und auf das Backpapier kleine Tuffs spritzen. Anschließend im heißen Ofen 90 Minuten backen. Nach dem Backen im leicht geöffneten Backofen auskühlen lassen.

Brombeeren waschen, trocken tupfen und die Tarte damit belegen. Die Baisers mit Hibiskusblütenpulver bestäuben und auf der Tarte verteilen. Mit Waldmeister dekorieren.

Zucchini-Kuchen mit AVOCADO-FROSTING

FÜR 1 KLEINEN KUCHEN [Ø 20 CM]

20 MIN + 40 MIN [BACKEN]

ZUTATEN

KUCHEN
- 2 EL geschroteter Leinsamen
- 250 g Dinkelmehl (Type 630)
- 70 g Backkakao
- 220 g Kokosblütenzucker
- 2 TL Natron
- 3 TL fein gemahlenes Espressopulver
- 2 TL gemahlener Zimt
- ½ TL Meersalz
- 240 ml Kokosmilch (Dose)
- 60 ml Sonnenblumenöl
- 60 g Ahornsirup
- 240 g Zucchini

AVOCADO-FROSTING
- 2 Avocados
- 50 g Backkakao
- 90 ml Ahornsirup
- Mark von ½ Vanilleschote
- ½ TL gemahlener Zimt
- 2 EL Kokosöl

AUSSERDEM
- 2 Backformen mit je Ø 20 cm

Backofen auf 180 °C (Ober-/Unterhitze) vorheizen. Die Böden der Backformen mit Backpapier auslegen. Leinsamen mit 5 EL Wasser in eine Tasse geben und 5 Minuten quellen lassen. Mehl in einer großen Schüssel mit Kakao, Zucker, Natron, Espressopulver, Zimt und Meersalz mischen. Die Kokosmilch mit Sonnenblumenöl und Ahornsirup verrühren und zu der Mehlmischung in die Schüssel geben. Den Leinsamen unterrühren.

Zucchini waschen, trocken tupfen und fein raspeln. Den Saft etwas herausdrücken und die Zucchini anschließend unter den Teig heben. Teig auf die Backformen verteilen. Die Kuchen im vorgeheizten Ofen etwa 40 Minuten backen, nach 30 Minuten die Stäbchenprobe machen.

In der Zwischenzeit das Frosting vorbereiten. Hierfür die Avocados halbieren, den Kern entfernen und das Fruchtfleisch mit Kakaopulver, Ahornsirup, Vanillemark, Zimt und dem flüssigen Kokosöl in einen Mixer geben. Alles zu einem glatten, glänzenden Frosting mixen. Die Kuchenböden vollständig auskühlen lassen. Einen Boden auf eine Platte setzen und mit einem Viertel des Frostings bestreichen. Den zweiten Boden daraufsetzen und den Kuchen rundum mit dem Frosting bestreichen.

Schoko-Bananen-CAKE

FÜR 1 GUGELHUPF

10 MIN + 60 MIN [BACKEN]

ZUTATEN

FÜR DEN KUCHEN

- 50 g Walnusskerne
- 175 g Mehl (Type 405)
- 2 gestrichene TL Backpulver
- 50 g Backkakao
- Salz
- 90 g weiche Butter
- 150 g Rohrohrzucker
- Mark von 1 Vanilleschote
- 2 Eier (Größe M)
- 3 sehr reife Bananen
- 100 g Schokoladentröpfchen

FÜR DIE GLASUR

- 85 g Zartbitterschokolade

Backofen auf 175 °C (Umluft) vorheizen und eine Gugelhupfform gut einfetten. Walnüsse grob hacken und beiseitestellen. Mehl, Backpulver, Kakao und 1 Prise Salz in eine Schüssel geben und gut miteinander vermischen.

In einer weiteren Schüssel die Butter cremig rühren. Rohrohrzucker und Vanillemark miteinander vermischen und zusammen mit den Eiern unter die Butter rühren. Die Bananen mit einer Gabel fein zermusen und unter die Butter-Zucker-Masse mischen. Anschließend das Mehlgemisch unter die Masse rühren und zu einem geschmeidigen Teig verarbeiten. Zum Schluss die Schokoladentröpfchen unter den Teig heben und in die Gugelhupfform füllen.

Den Kuchen im heißen Ofen (Mitte) 50–60 Minuten backen. Stäbchenprobe machen. Aus der Form lösen und auf einem Kuchenrost vollständig auskühlen lassen. Für die Glasur die Schokolade über einem Wasserbad schmelzen, über den ausgekühlten Bananenkuchen sprenkeln und trocknen lassen.

Schoko-Minz-
POKÉ-CAKE

FÜR 1 BACKBLECH [20 × 25 CM] — **20 MIN + 20 MIN** [BACKEN]

ZUTATEN

FÜR DEN TEIG
- 100 g sehr weiche Butter
- 130 g Zucker
- Salz
- 2 Eier (Größe M)
- 150 g Mehl (Type 405)
- 2 TL Backpulver
- 30 g Backkakao
- 150 ml Milch

FÜR DIE FÜLLUNG
- 60 g Zartbitterschokolade (50% Kakaoanteil)
- 50 g Schoko-Minz-Täfelchen
- 350 ml Milch
- 25 g Speisestärke
- 2 EL Zucker

FÜR DAS TOPPING
- 1 Avocado
- 200 g Frischkäse
- 20 g Honig
- 3 TL Minzsirup
- 1 TL Zitronensaft

ZUM GARNIEREN
- Minze (nach Belieben)

Backofen auf 180 °C (Ober-/Unterhitze) vorheizen. Ein tiefes Backblech mit Backpapier auslegen. Butter mit Zucker und 1 Prise Salz schaumig schlagen. Die Eier einzeln unterrühren. Mehl, Backpulver und Kakao mischen und zusammen mit Milch unter die Butter-Ei-Masse heben. Den Teig auf das Blech geben und im heißen Ofen (Mitte) etwa 20 Minuten backen. Den Kuchen aus dem Ofen nehmen und auf einem Kuchengitter kurz abkühlen lassen. Dann mit dem Stiel eines Holzkochlöffels im Abstand von 2 cm Löcher einstechen, aber nicht ganz bis auf den Boden.

Für die Füllung Schokolade und Schoko-Minz-Täfelchen hacken und beiseitestellen. 300 ml Milch aufkochen. Speisestärke und Zucker in der restlichen Milch auflösen und in die kochende Milch geben. Noch einmal aufkochen und unter Rühren etwa 1 Minute köcheln lassen. Schokolade und Schoko-Minz-Täfelchen hinzufügen und unter Rühren schmelzen lassen. Sofort auf den Kuchen geben und auskühlen lassen.

Für das Topping das Avocado-Fruchtfleisch auslösen und mit mit den restlichen Zutaten fein pürieren. Den Kuchen in Stücke schneiden und die Avocado-Creme auf die Kuchenstücke streichen. Nach Belieben mit Minzblättern dekorieren und sofort servieren!

Schokoladenkuchen MIT GEWÜRZBIRNEN

FÜR 1 KASTENFORM [25 x 11 CM]

25 MIN + 55 MIN [BACKEN]

ZUTATEN

FÜR DIE BIRNEN
- 3 Birnen (ca. 115g)
- 6 EL Granatapfelsirup
- 10 Nelken
- 1 Vanilleschote
- 1 Zimtstange
- 2 TL loser Früchtetee
- 1 Msp. gemahlener Kardamom
- 3 Sternanis

FÜR DEN TEIG
- 100 g Zartbitterschokolade
- 150 g weiche Butter plus etwas für die Form
- 125 g Zucker
- 1 Pck. Vanillezucker
- Salz
- 3 Eier (Größe M)
- 125 g Mehl (Type 405)
- 2 gestrichene TL Backpulver
- 1 EL Backkakao
- 55 g gemahlene Pekannusskerne

Die Birnen waschen und schälen, dabei aber nicht den Strunk entfernen. Die restlichen Zutaten für die aromatisierten Birnen mit 200 ml Wasser in einen Topf geben und zum Kochen bringen. Die Birnen hinzugeben und auf mittlerer Hitze bei geschlossenem Deckel 10–12 Minuten köcheln lassen. Anschließend die Birnen herausholen und abtropfen lassen.

In der Zwischenzeit den Backofen auf 175 °C (Ober-/Unterhitze) vorheizen und eine Kastenform gut einfetten oder mit Backpapier auslegen.

Für den Rührteig die Zartbitterschokolade und Butter über einem Wasserbad schmelzen. In einer Schüssel Zucker, Vanillezucker, 1 Prise Salz und Eier cremig rühren. Die geschmolzene Schokolade unterrühren. Mehl, Backpulver, Kakao und gemahlene Pekannüsse in einer weiteren Schüssel vermischen und anschließend unter die Schokoladenmasse sieben.

Den Teig in die Kastenform füllen und die Birnen vorsichtig in den Teig drücken. Den Kuchen im heißen Backofen (Mitte) 45–55 Minuten backen. Nach dem Backen auf einem Kuchenrost auskühlen lassen.

Schoko-Popcorn-WÜRFEL

FÜR EIN BACKBLECH [20 × 25 CM]

30 MIN + 1 STD 30 MIN [BACKEN]

ZUTATEN

FÜR DAS DULCE DE LECHE
- 1 Dose gezuckerte Kondensmilch (400 g)

FÜR DEN TEIG
- 100 g sehr weiche Butter
- 130 g Kokosblütenzucker
- Salz
- 2 Eier (Größe M)
- 150 g Mehl (Type 405)
- 1 TL Backpulver
- 1 TL Natron
- 30 g Backkakao
- 150 ml Milch
- 70 g Schokotröpfchen

FÜR DAS TOPPING
- 50 g Popcorn-Mais
- 1 ½ EL Butterschmalz
- 1 Pck. Vanillezucker
- 1 EL Zucker
- Puderzucker (nach Belieben)
- Fleur de Sel (nach Belieben)

Die Milchdose in einen kleinen Topf legen, mit Wasser bedecken und zum Kochen bringen. Dann die Temperatur senken und für etwa 50 Minuten köcheln lassen. Die Dose sollte dabei immer mit Wasser bedeckt sein. Dann herausnehmen und abkühlen lassen.

Den Ofen auf 180 °C (Ober-/Unterhitze) vorheizen und ein tiefes Backblech mit Backpapier auslegen. Die Butter mit Zucker und 1 Prise Salz schaumig schlagen. Die Eier unterrühren. Mehl, Backpulver, Natron und Kakao mischen und zusammen mit der Milch unter die Butter-Ei-Masse heben. Schokotröpfchen unterziehen. Den Teig auf das Backblech streichen und etwa 20 Minuten (Mitte) backen. Aus dem Ofen nehmen und auf einem Kuchengitter abkühlen lassen.

Die Maiskörner in einen unbeschichteten Topf geben und mit Butterschmalz, Vanillezucker und Zucker mischen. Auf höchster Stufe erhitzen. Sobald das Fett zu brutzeln beginnt, gelegentlich umrühren, zwischendurch den Topf mit einem Handtuch abdecken. Sobald die ersten Körner poppen, die Temperatur auf mittlere Stufe senken. Das fertige Popcorn in eine Schüssel geben und abkühlen lassen. Nach Belieben mit Puderzucker nachsüßen.

Vor dem Servieren den Schokoladenkuchen in Würfel schneiden. 2–3 EL Dulce de Leche cremig rühren und über die Würfel träufeln. Mit Popcorn verzieren und nach Belieben mit ein wenig Fleur de Sel bestreuen.

Brownies MIT QUARKCREME

FÜR EIN BACKBLECH [30 x 25 CM] **30 MIN + 20 MIN** [BACKEN]

ZUTATEN

FÜR DEN TEIG
- » 100 g Butter
- » 250 g Zucker
- » 2 Eier (Größe M)
- » Salz
- » 1 TL Vanilleextrakt
- » 200 ml Buttermilch
- » 300 g Mehl (Type 405)
- » 40 g Backkakao
- » 1 TL Natron
- » 1 TL Backpulver
- » 200 ml kohlensäurehaltiges Mineralwasser

FÜR DIE CREME
- » 500 g Magerquark
- » 200 g Mascarpone
- » 30 g Zucker
- » 2 Pck. Vanillezucker

FÜR DAS TOPPING
- » 400 g Erdbeeren
- » 125 g Himbeeren
- » 200 g Heidelbeeren
- » Minzblätter

Den Backofen auf 180 °C (Ober-/Unterhitze) vorheizen und ein tiefes Backblech mit Backpapier auslegen. Butter schmelzen. Zucker, Eier und 1 Prise Salz hell aufschlagen. Die Butter unterschlagen, Vanilleextrakt und Buttermilch unterrühren. Mehl, Kakao, Natron und Backpulver mischen und auf die Zucker-Ei-Masse sieben. Kurz unterheben. Zum Schluss das Mineralwasser unterziehen.

Den Teig auf das Backblech geben, verstreichen und im heißen Ofen (Mitte) 20 Minuten backen. Stäbchenprobe nicht vergessen! Den Brownie aus dem Ofen nehmen und auf einem Kuchengitter auskühlen lassen.

In der Zwischenzeit alle Zutaten für die Creme verrühren. Die Creme auf den ausgekühlten Kuchen streichen. Die Beeren verlesen, waschen, trocken tupfen und auf der Creme verteilen. Den Brownie mit Minzblättern dekorieren, in Stücke schneiden und servieren.

Macadamia BLONDIES

FÜR EIN BACKBLECH [24 × 24 CM] — **10 MIN + 20 MIN** [BACKEN]

ZUTATEN

- 70 g geröstete, gesalzene Macadamianusskerne
- 150 g weiße Schokolade
- 150 g Butter
- 2 Eier (Größe L)
- 125 g Zucker
- Mark von 1 Vanilleschote
- 200 g Mehl (Type 405)
- 80 g bunte Schokolinsen

Den Backofen auf 175 °C Ober-/Unterhitze (160 °C Umluft) vorheizen. Eine quadratische Springform mit Backpapier auslegen. Die Nüsse grob hacken. Die Schokolade in Stücke brechen und die Butter in Stücke schneiden. Beides in einer Schüssel über einem heißen Wasserbad bei nicht allzu großer Hitze schmelzen lassen.

Inzwischen die Eier mit den Schneebesen des Handrührgeräts dick-cremig rühren, dabei nach und nach den Zucker zugeben, zuletzt das Vanillemark unterrühren. Die geschmolzene Schoko-Butter-Mischung unter die Eiermasse rühren. Das Mehl, die gehackten Nüsse und etwa die Hälfte der Schokolinsen dazugeben und zügig mit einem Teigspatel unterrühren.

Den Teig in die Form füllen. Die übrigen Schokolinsen gleichmäßig auf den Teig streuen und die Blondies im heißen Ofen (Mitte) etwa 20 Minuten backen. Die Ränder sollten dann festgebacken, der innere Teil aber noch weich sein. Aus dem Ofen nehmen, in der Form abkühlen lassen, dann aus Form und Papier lösen. In etwa 4 × 4 cm große Stücke schneiden und mit einem Becher heißer Schokolade genießen.

Matcha-Chocolate-CHEESECAKE

FÜR EIN BACKBLECH [20 x 25 CM]

25 MIN + 4 STD 30 MIN [KÜHLEN]

ZUTATEN

FÜR DEN BODEN
» 80 g Butter
» 160 g Haferkekse

FÜR DEN BELAG
» 250 g weiße Schokolade
» 200 g Sahne
» 200 g Frischkäse
» 200 g Mascarpone
» 5 g Matcha-Pulver
» Saft von 1 Limette
» 1 Pck. Sahnesteif

ZUM GARNIEREN
» 2 g Matcha-Pulver

Die Butter zerlassen und etwas abkühlen lassen. Die Haferkekse fein zerkleinern und mit der Butter vermengen, dann auf ein mit Backpapier belegtes Blech geben und gut andrücken. Etwa 20 Minuten ins Gefrierfach stellen.

In der Zwischenzeit die Schokolade hacken und in eine Schüssel geben. 100 g Sahne aufkochen und über die Schokolade gießen. Abgedeckt etwa 5 Minuten ziehen lassen, dann zu einer Ganache glatt rühren und etwas abkühlen lassen.

Frischkäse, Mascarpone, Matcha-Pulver und Limettensaft mit einem Handrührgerät unter die lauwarme Ganache rühren. Die restliche Sahne mit Sahnesteif steif schlagen und vorsichtig unter die Creme heben. Alles glatt rühren. Die Cheesecake-Masse auf den Keksboden geben und glatt streichen. Etwa 4 Stunden im Kühlschrank fest werden lassen.

Nun den Cheesecake vorsichtig vom Blech nehmen. Ein Blatt Papier in dünne Streifen schneiden, in einem unregelmäßigen Gittermuster auf dem Kuchen verteilen. Nach Belieben Matcha-Pulver darübersieben, die Papierstreifen entfernen und den Cheesecake servieren.

Tipp

Kekse zerkleinert man am besten in einem Hochleistungsmixer oder man gibt sie in einen Gefrierbeutel und rollt mit einem Nudelholz darüber.

Malz-Brownies MIT PEANUTBUTTER

FÜR EIN BACKBLECH [20 x 25 CM]

15 MIN + 20 MIN [BACKEN]

ZUTATEN

FÜR DEN TEIG
» 100 g weiche Butter
» 130 g Zucker
» Salz
» 2 Eier (Größe M)
» 150 g Mehl (Type 405)
» 2 TL Backpulver
» 40 g Backkakao
» 200 ml Malz

FÜR DAS TOPPING
» 180 g Frischkäse
» 100 g Erdnusscreme
» 40 g brauner Zucker
» 20 g Sahne
» 50 g Mini-Salzbrezeln

Den Ofen auf 180 °C (Ober-/Unterhitze) vorheizen und ein tiefes Backblech mit Backpapier auslegen. Für den Teig die Butter mit dem Zucker und 1 Prise Salz schaumig schlagen. Die Eier nacheinander unterrühren. Mehl, Backpulver und Kakao mischen und zusammen mit dem Malz unter die Butter-Ei-Masse heben. Den Teig auf das Blech streichen und im vorgeheizten Ofen (Mitte) 20 Minuten backen. Stäbchenprobe nicht vergessen! Den Brownie aus dem Ofen nehmen und auf einem Kuchengitter abkühlen lassen.

Für das Topping Frischkäse, Erdnusscreme, Zucker und Sahne cremig rühren und auf dem abgekühlten Brownie verteilen. Mit Mini-Salzbrezeln dekorieren und servieren.

Tipp

Statt der Brezeln schmecken auch gesalzene Erdnüsse sehr gut.

Eton-Mess-BROWNIES

FÜR EIN BACKBLECH [20 x 25 CM]

25 MIN + 20 MIN [GAREN]

ZUTATEN

FÜR DEN TEIG
- 130 g Zucker
- 100 g weiche Butter
- Salz
- 1 Ei (Größe M)
- 150 g Mehl (Type 405)
- 1 TL Backpulver
- 1 TL Natron
- 30 g Backkakao
- 150 ml Milch

FÜR DAS TOPPING
- 250 g Erdbeeren
- 200 g Schmand
- 150 g Frischkäse
- 2 Pck. Vanillezucker
- 2 TL Zitronensaft
- 2 TL Zucker
- 60 g Baiser
- 50 g Zartbitterschokolade (50% Kakaoanteil)

Backofen auf 180 °C (Ober-/Unterhitze) vorheizen und ein tiefes Backblech mit Backpapier auslegen. Zucker, Butter und 1 Prise Salz schaumig schlagen. Das Ei unterrühren. Mehl, Backpulver, Natron und Kakao mischen und nach und nach mit der Milch unter die Butter-Ei-Masse heben. Den Teig auf das Blech streichen und im heißen Ofen (Mitte) 20 Minuten backen. Stäbchenprobe nicht vergessen!

Brownie aus dem Ofen nehmen und auf einem Kuchengitter abkühlen lassen. Für das Topping in der Zwischenzeit die Erdbeeren putzen, waschen, trocken tupfen und vierteln, dann beiseitestellen. Schmand, Frischkäse, Vanillezucker, Zitronensaft und Zucker cremig rühren. Die Creme auf dem Brownie verstreichen.

Den Kuchen in Stücke schneiden. Dann die Erdbeerviertel auf der Creme verteilen. Das Baiser darüber zerbröseln. Die Schokolade über einem heißen Wasserbad schmelzen und über die Brownies träufeln!

Tipp

Die Erdbeeren können ganz nach Geschmack gegen andere Früchte ausgetauscht werden.

Schokokuchen MIT SCHOKOGLASUR

FÜR 1 SPRINGFORM [Ø 18 CM] **10 MIN + 40 MIN** [BACKEN]

ZUTATEN

- 100 g Butter plus etwas für die Form
- 300 g Zartbitterschokolade
- 200 g Zucker
- 2 Eier (Größe M)
- 125 g Schmand
- 300 g Mehl (Type 405)
- 1 gehäufter TL Backpulver

Backofen auf 180 °C (Ober-/Unterhitze) vorheizen. Die Springform mit etwas Butter einfetten. 150 g Schokolade fein reiben. Die Butter mit Zucker in einer Schüssel mit dem Handrührgerät schaumig schlagen. Die Eier nacheinander dazugeben und unterrühren. Den Schmand unter die Eiermasse rühren und die geriebene Schokolade unterziehen.

Das Mehl mit Backpulver mischen, dazusieben und unter die Schmandmasse rühren.

Den Teig in die Springform füllen und im Ofen 40 Minuten (Mitte) backen. Den Kuchen aus der Form lösen und abkühlen lassen.

Inzwischen die restliche Schokolade in einer Schüssel über einem heißen Wasserbad schmelzen. Den Kuchen mit der flüssigen Schokolade überziehen und etwa 40 Minuten abkühlen lassen, bis die Glasur fest ist.

Schokokuchen OHNE MEHL

FÜR 1 SPRINGFORM [Ø 18 CM] **15 MIN + 40 MIN** [BACKEN]

ZUTATEN

- 150 g Butter plus etwas für die Form
- 4 Eier (Größe M)
- 80 g Zucker
- 150 g gemahlene Mandeln
- 150 g Zartbitterschokolade (70% Kakaogehalt)

Backofen auf 180 °C (Ober-/Unterhitze) vorheizen. Die Springform mit etwas Butter einfetten. Die Eier trennen. Eiweiße mit Zucker steif schlagen und die gemahlenen Mandeln unterziehen. Den Eischnee beiseitestellen. Die Eigelbe in einer Schüssel verschlagen.

Schokolade hacken und mit Butter in Stückchen in einer Schüssel über einem heißen Wasserbad schmelzen. Dann beiseitestellen.

Den Schoko-Butter-Mix portionsweise zu den Eigelben geben und verrühren. Den Mandel-Eischnee unterziehen. Den Teig in die Form füllen und 40 Minuten (Mitte) backen. Einige Minuten in der Form abkühlen lassen, dann vorsichtig aus der Form lösen. Komplett auskühlen lassen oder noch lauwarm servieren.

Tipp

Wenn der Kuchen noch ein wenig mehr haben darf, kannst du ihn mit Nüssen, Früchten oder Karamellbonbons ergänzen. So bekommt er eine besondere Note und Crunch.

Brownie-Cheesecake MIT KIRSCHEN

FÜR 1 BACKBLECH [30 × 25 CM] **25 MIN + 40 MIN** [BACKEN]

ZUTATEN

FÜR DEN TEIG
- 200 g Butter
- 150 g Zartbitter-schokolade
- 3 Eier (Größe M)
- 200 g brauner Zucker
- Salz
- 150 ml Buttermilch
- 150 g Mehl (Type 405)
- 1 ½ TL Natron
- 3 EL Backkakao

FÜR DIE CHEESECAKE-MASSE
- 1 Glas Sauerkirschen (350 g Abtropfgewicht)
- 350 g Speisequark
- 200 g Frischkäse
- 3 Eier (Größe M)
- 6 EL Puderzucker
- Mark von 1 Vanilleschote

Backofen auf 180 °C (Ober-/Unterhitze) vorheizen. Ein tiefes Backblech mit Backpapier auskleiden. Butter und Schokolade in einem kleinen Topf schmelzen und beiseitestellen. Die Eier mit Zucker und 1 Prise Salz schaumig schlagen. Die Butter-Schokolade-Mischung unterrühren, dann die Buttermilch dazugeben und verrühren.

Mehl, Natron und Kakao mischen, auf die Eiermasse sieben und vorsichtig, aber zügig unterheben. Den Brownie-Teig auf das Backblech geben und glatt streichen. Die Sauerkirschen abtropfen lassen. Quark und Frischkäse mit den Eiern verrühren. Puderzucker und Vanillemark unterheben. Die Quarkmasse auf den Brownie-Teig geben und glatt streichen. Die Kirschen darauf verteilen und etwas andrücken. Den Kuchen im heißen Ofen (Mitte) etwa 40 Minuten backen. Stäbchenprobe nicht vergessen! Den Brownie-Cheesecake aus dem Ofen nehmen und auf einem Kuchengitter auskühlen lassen, dann in Rechtecke schneiden und servieren.

THE LOCAL BAKERY
Finest
GRAINS & HONEY. 9th.Ave.Co.Ltd

VEGAN

Schokoladen-TORTE

FÜR 4 SPRINGFORMEN [Ø 18 CM]

30 MIN + 3 STD [BACKEN + KÜHLEN]

ZUTATEN

FÜR DEN BODEN

» 150 g Mehl (Type 405)
» 20 g Speisestärke
» 2 gestrichene TL Backpulver
» 110 g Zucker
» Salz
» 15 g Backkakao
» 1 Msp. gemahlener Kardamom
» 160 ml kohlensäurehaltiges Mineralwasser
» 75 ml neutrales Pflanzenöl
» 2cl veganer Schokoladensirup
» 50 g vegane Zartbitterschokolade

FÜR DIE FÜLLUNG

» 400 g Sojacreme Cuisine
» 1 Pck. Sahnesteif
» 125 g vegane Zartbitterkuvertüre

AUSSERDEM

» veganes Schokoladendekor
» 1–2 EL geraspelte vegane Zartbitterschokolade

Backofen auf 180 °C (Ober-/Unterhitze) vorheizen. Die Springformen mit Backpapier auslegen. Für den Boden Mehl, Stärke, Backpulver, Zucker, 1 Prise Salz, Backkakao und Kardamom in einer Rührschüssel mischen. Mineralwasser, Öl und Schokosirup verquirlen, unter Rühren nach und nach zur Mehlmischung geben und zu einem glatten Teig verarbeiten.

Schokolade über einem Wasserbad schmelzen und unter den Teig heben. Teig in die Formen füllen jeweils etwa 15 Minuten (Mitte) backen. Aus dem Ofen nehmen, die Formen und das Backpapier entfernen, auf Kuchengitter stürzen und 20 Minuten erkalten lassen.

Sojacreme mit Sahnesteif aufschlagen. Kuvertüre über einem Wasserbad schmelzen, kurz abkühlen lassen und unter die Creme ziehen. 1–2 EL der Schokocreme in einen Spritzbeutel mit Sterntülle füllen und in den Kühlschrank legen. Restliche Creme vierteln, um den ersten Boden den Tortenring legen und abwechselnd Creme und Böden schichten. 30 Minuten im Kühlschrank fest werden lassen. Den Tortenring lösen und die restliche Creme auf der Torte und Rand verteilen.

Mit dem Spritzbeutel kleine Tuffs spritzen, mit Schokodekor und Schokolade garnieren und 1 Stunde im Kühlschrank fest werden lassen.

VEGAN

Schoko-
ROULADE

FÜR 1 ROULADE **1 STD + 1 STD 30 MIN** [KÜHLEN]

ZUTATEN

FÜR DEN TEIG
» 180 g Mehl (Type 405)
» 20 g Speisestärke
» 2 gestrichene TL Backpulver
» 100 g Zucker
» Salz
» 15 g Backkakao
» 200 ml kohlensäurehaltiges Mineralwasser
» 4 EL neutrales Pflanzenöl
» 2cl Rum (alternativ mehr Wasser)

FÜR DIE FÜLLUNG
» 100 g vegane Zartbitterschokolade
» 200 ml Sojacreme Cuisine
» 1 Pck. Sahnesteif

AUSSERDEM
» 3–4 EL Zucker zum Aufrollen des Teigs
» 2–3 EL vegane geraspelte Zartbitterschokolade
» 1 verstellbarer Backrahmen

Backofen auf 180 °C (Ober-/Unterhitze) vorheizen. Das Backblech mit Backpapier auslegen, den Backrahmen auf die Größe 23 x 3 x 28 cm einstellen und daraufsetzen. Mehl, Stärke, Backpulver, Zucker, 1 Prise Salz und Kakao in einer Schüssel mischen. Mineralwasser, Öl und Rum verquirlen, unter ständigem Rühren nach und nach zur Mehlmischung geben und alles zu einem glatten Teig verarbeiten. In den Backrahmen füllen und glatt streichen. Für 17 Minuten (Mitte) backen.

Ein Geschirrtuch mit 1–2 EL Zucker bestreuen. Den Kuchen aus dem Ofen nehmen und sofort zweimal auf das Geschirrtuch stürzen, sodass die Oberseite wieder oben liegt. Mit 2 EL Zucker bestreuen. Zügig, aber vorsichtig von der längeren Seite her samt Geschirrtuch aufrollen und komplett auskühlen lassen.

Schokolade über einem Wasserbad schmelzen. In einer Schüssel Sojacreme und Sahnesteif aufschlagen. Die Schokolade unter stetigem Rühren esslöffelweise zugeben. Den abgekühlten Kuchen vorsichtig abrollen. ⅔ Creme daraufstreichen, den Rest kühlen.

Kuchen mithilfe des Geschirrtuchs wieder vorsichtig aufrollen. Aufgewickelt mindestens 1 Stunde im Kühlschrank fest werden lassen. Die Rolle mit der übrigen Creme bestreichen und mit den Schokoraspeln dekorieren.

Tipp

Beim Aufrollen kann ein Fondantroller oder ein Stab mit Ø 2–3 cm helfen. Man rollt ihn vom Anfang aus mit ein. Risse lassen sich gut mit Creme kaschieren.

VEGAN

Schokoladen-TARTE

FÜR 1 TARTEFORM [Ø 26 CM] **1 STD + 40 MIN** [BACKEN]

ZUTATEN

FÜR DEN BODEN

» 200 g Mehl (Type 405)
» 80 g Zucker
» 1 Prise Salz
» 10 g Backkakao
» 100 g zimmerwarme, vegane Margarine
» 2 EL Sojadrink
» 1 EL neutrales Pflanzenöl

FÜR DIE FÜLLUNG

» 125 ml Sojadrink
» 10 g Speisestärke
» 150 g vegane Zartbitterschokolade
» 200 ml Sojacreme Cuisine
» 2 Msp. gemahlener Kardamom

FÜR DEN GUSS

» 60 g vegane Zartbitterkuvertüre
» 1 TL neutrales Pflanzenöl

AUSSERDEM

» gehackte Zartbitterschokolade zum Dekorieren

Für den Tarteboden alle Zutaten zu einem glatten Teig verkneten. Zu einer Kugel formen, in Klarsichtfolie wickeln und 30 Minuten im Kühlschrank ruhen lassen.

Den Backofen auf 200 °C (Ober-/Unterhitze) vorheizen. Für die Füllung 3–4 EL Sojadrink mit der Stärke in einer kleinen Schüssel glatt rühren. Den übrigen Sojadrink mit Schokolade, Sojacreme und Kardamom in einem Topf zum Kochen bringen. Die Stärkemischung einrühren und die Schokoladenmischung nochmals kurz aufkochen.

Die Tarteform mit dem Teig auskleiden, die Ränder gut andrücken. Mit einer Gabel Löcher in den Teigboden stechen. Die Schokoladenmischung darauf verteilen. Die Tarte bei 200 °C (Ober-/Unterhitze) etwa 20 Minuten (Mitte) backen. Dann mit Alufolie abdecken, die Temperatur auf 180 °C reduzieren und die Tarte weitere 20 Minuten backen. Aus dem Ofen nehmen und in der Form vollständig abkühlen lassen.

Für den Guss die Kuvertüre über einem Wasserbad schmelzen, dann das Öl unterziehen. Den Schokoladenguss gleichmäßig auf der Tarte verteilen und glatt streichen. Mit der gehackten Schokolade dekorieren.

VEGAN

Schoko-Chili-
KUCHEN

FÜR 1 KASTENFORM [CA. 20 x 3 x 10 CM]

35 MIN + 70 MIN [BACKEN]

ZUTATEN

FÜR DEN TEIG

- 275 g Mehl (Type 405)
- 50 g Speisestärke
- 2 leicht gehäufte TL Backpulver
- 170 g Zucker
- Salz
- 35 g Backkakao
- 100 ml neutrales Pflanzenöl
- 200 ml kohlensäurehaltiges Mineralwasser
- 1 reife Banane
- 100 g Soja-Joghurtalternative
- 2cl veganer Schokoladensirup
- 20 g frische rote Chilischote

FÜR DEN GUSS

- 120 g vegane Zartbitterkuvertüre
- 1 EL neutrales Pflanzenöl

AUSSERDEM

- 1 TL vegane Margarine
- 1–2 EL Paniermehl für die Form
- Chilifäden

Backofen auf 200 °C (Ober-/Unterhitze) vorheizen. Die Kastenform einfetten und mit Paniermehl bestreuen. Mehl, Stärke, Backpulver, Zucker, 1 Prise Salz und Kakao in einer großen Schüssel mischen. In einem zweiten Gefäß Öl und Mineralwasser verquirlen, unter ständigem Rühren nach und nach zur Mehlmischung geben und mit dem Handrührgerät zu einem glatten Teig verarbeiten.

Die Banane mit dem Sojajoghurt pürieren und in den Teig einrühren. Den Schokoladensirup unterrühren. Die Chilischote halbieren, putzen und waschen. In sehr kleine Stücke schneiden und untermengen. Den Teig in die Kastenform füllen. Im heißen Ofen (Mitte) 35 Minuten backen, mit Alufolie abdecken und weitere 35 Minuten backen. Aus dem Ofen nehmen und 45 Minuten in der Form auskühlen lassen, dann stürzen und vollständig auskühlen lassen.

Für den Guss die Kuvertüre mit dem Öl über einem Wasserbad schmelzen. Den kalten Kuchen damit überziehen, mit den Chilifäden dekorieren und 20 Minuten im Kühlschrank fest werden lassen.

Tipp

Wenn Sie es besonders schokoladig mögen, dann heben Sie kurz vor dem Backen 30 g backfeste, vegane Schokoladentropfen unter den Teig!

VEGAN

Schoko-Minz-
TORTE

FÜR 1 SPRINGFORM [Ø 18 CM]

1 STD + 4 STD [KÜHLEN]

ZUTATEN

FÜR DIE FÜLLUNG
- 300 ml Sojadrink
- 25 g veganes Puddingpulver (Sahnegeschmack)
- 15 g Zucker
- 175 g zimmerwarme, vegane Margarine
- 90 g Puderzucker
- 4cl veganer Minzsirup
- grüne Lebensmittelfarbe

FÜR DEN BODEN
- 180 g Mehl (Type 405)
- 2 TL Backpulver
- 150 g Zucker
- Salz
- 20 g Backkakao
- 75 ml neutrales Pflanzenöl
- 175 ml kohlensäurehaltiges Mineralwasser

AUSSERDEM
- vegane Schokominztäfelchen
- 1–2 EL fein geraspelte vegane Zartbitterschokolade zum Dekorieren
- 1 verstellbarer Tortenring

Aus Sojadrink, Puddingpulver und Zucker einen Pudding nach Packungsangabe zubereiten. Mit Frischhaltefolie abdecken. 1–2 Stunden abkühlen lassen. Den Backofen auf 200 °C (Ober-/Unterhitze) vorheizen. Die Springform mit Backpapier auslegen. Für den Boden alle Zutaten zu einem cremigen Teig rühren. In die Form füllen und 35–40 Minuten (Mitte) backen. Aus dem Ofen nehmen, Form ablösen, stürzen und das Backpapier abziehen. 45 Minuten auskühlen lassen.

Für die Füllung Margarine und Puderzucker schaumig schlagen. Pudding esslöffelweise darunterziehen. Zuletzt Minzsirup und Lebensmittelfarbe einrühren. 1–2 EL der Creme in einen Spritzbeutel mit Sterntülle geben und kühl stellen, restliche Creme dritteln. Den Kuchenboden zweimal waagerecht teilen.

Um den ersten Boden den Tortenring legen, und mit einem Teil der Füllung bestreichen. Mit restlichen Böden und Creme ebenso verfahren. Mit Boden abschließen und 20 Minuten kühl stellen. Tortenring ablösen. Übrige Creme auf der Torte und Rand verteilen. Mit dem Spritzbeutel kleine Tuffs aufspritzen. Die Minztäfelchen ringsum an den Rand kleben und die Torte mit Schokoraspel bestreuen. Nochmals 40 Minuten kühl stellen.

Tipp

Gleichmäßiger und ohne schwieriges Schneiden: Dritteln Sie den Teig und backen Sie die Böden einzeln jeweils 13 Minuten bei 200 °C.

VEGAN

Schoko-Johannisbeer-TORTE

FÜR 1 SPRINGFORM [Ø 18 CM]

25 MIN + 35 MIN [BACKEN]

ZUTATEN

FÜR DIE FÜLLUNG
- 200 ml Sojadrink
- ½ Pck. veganes Puddingpulver (Sahnegeschmack)
- 25 g Zucker
- 125 g Johannisbeeren

FÜR DEN BODEN
- 140 g Mehl (Type 405)
- 1 leicht gehäufter TL Backpulver
- 80 g Zucker
- Salz
- 12 g Backkakao
- 80 g zimmerwarme, vegane Margarine
- 5 g veganer Schokoladensirup

AUSSERDEM
- geraspelte vegane Zartbitterschokolade zum Dekorieren

Für die Füllung aus Sojadrink, Puddingpulver und Zucker einen Pudding nach Packungsangabe zubereiten. Den Backofen auf 180 °C (Ober-/Unterhitze) vorheizen.

Für den Boden alle Zutaten zu einem glatten Teig verkneten. Zwei Drittel des Teigs in die Springform geben, dabei einen etwa 1 ½ cm hohen Rand formen und gut andrücken. Zwei Drittel der Puddingmasse auf den Boden streichen.

Die Johannisbeeren waschen, trocken tupfen und von den Stielen befreien. Die Beeren auf dem Boden verteilen, den restlichen Pudding darübergeben. Den übrigen Teig in die Zwischenräume zupfen. Den Kuchen bei 180 °C (Mitte) etwa 35 Minuten backen. Aus dem Ofen nehmen und in der Springform etwa 1 Stunde abkühlen lassen. Dann aus der Form lösen und mit der geraspelten Schokolade dekoriert servieren.

VEGAN

Schoko-Birnen-TARTE

FÜR 1 TARTEFORM [Ø 24 CM]

2 STD + 1 STD [KÜHLEN]

ZUTATEN

FÜR DEN BODEN
- 250 g Mehl (Type 405)
- 30 g Speisestärke
- 90 g Zucker
- 1 Prise Salz
- 1 Msp. gemahlener Zimt
- 100 g zimmerwarme, vegane Margarine
- 3 EL Sojadrink

FÜR DIE FÜLLUNG
- 50 ml Sojacreme Cuisine
- 1 Pck. veganes Puddingpulver (Schokoladengeschmack)
- 130 g Mehl (Type 405)
- 2 gestrichene TL Backpulver
- 20 g Speisestärke
- 90 g Zucker
- 175 ml kohlensäurehaltiges Mineralwasser
- 50 g Mandelblättchen
- 4 kleine Birnen (etwa 650g)

AUSSERDEM
- Hülsenfrüchte zum Blindbacken
- 20 g vegane Margarine
- 10 g Mandelblättchen und Puderzucker zum Garnieren

Den Backofen auf 200 °C (Ober-/Unterhitze) vorheizen. Für den Boden alle Zutaten zu einem Teig verkneten und die Tarteform samt Rand damit auskleiden. Backpapier darauflegen, die Hülsenfrüchte darauf verteilen und den Teig bei 200 °C (Mitte) 20 Minuten blindbacken. Aus dem Ofen nehmen, Backpapier und Hülsenfrüchte entfernen.

Inzwischen für die Füllung Sojacreme mit Puddingpulver glatt rühren. In einer großen Schüssel Mehl, Backpulver, Stärke und Zucker mischen. Unter ständigem Rühren nach und nach zuerst Mineralwasser, dann die Schokocreme zur Mehlmischung geben und alles zu einer glatten Masse verarbeiten. Die Mandeln in einer Pfanne ohne Fett anrösten und unter die Füllung heben.

Die Birnen schälen, vierteln und putzen. Füllung auf den vorgebackenen Boden geben, die Birnenviertel kreisförmig darauf anordnen und leicht andrücken. Die Tarte bei 200 °C (Mitte) 40 Minuten backen. Mit Alufolie abdecken und weitere 25 Minuten backen. Die Margarine in einem Topf zerlassen und die noch heiße Tarte damit einstreichen. Etwa 1 Stunde in der Form abkühlen lassen. Zum Servieren mit den Mandelblättchen bestreuen und mit Puderzucker bestäuben.

VEGAN

Kirsch-Schoko-TARTE

FÜR 1 TARTEFORM [Ø 24 CM]

1 STD + 2 STD 30 MIN [KÜHLEN]

ZUTATEN

FÜR DEN BODEN
» 200 g Mehl (Type 405)
» 60 g Zucker
» 1 Prise Salz
» 10 g Backkakao
» 110 g zimmerwarme, vegane Margarine
» 2 EL Sojadrink

FÜR DIE FÜLLUNG
» 10 g Speisestärke
» 350 g frische oder TK-Sauerkirschen (ohne Kerne)
» 30 g Zucker
» 1 Msp. gemahlener Zimt

FÜR DIE CREME
» 200 g vegane Zartbitterschokolade
» 200 ml Sojacreme Cuisine

AUSSERDEM
» Backpapier und Hülsenfrüchte zum Blindbacken
» 20 g Mandelblättchen zum Garnieren

Für den Boden alle Zutaten zu einem glatten Teig verkneten, in Klarsichtfolie wickeln und 30 Minuten im Kühlschrank ruhen lassen.

Für die Füllung die Stärke mit 2 EL Wasser glatt rühren. Die Sauerkirschen mit der Stärkemischung, Zucker und Zimt in einen Topf geben und 5 Minuten köcheln lassen.

Den Backofen auf 200 °C (Ober-/Unterhitze) vorheizen. Eine Tarteform mit dem Teig auskleiden, alles gut andrücken. Backpapier darauflegen, die Hülsenfrüchte darauf verteilen und den Teig bei 200 °C (Mitte) 20 Minuten blindbacken. Hülsenfrüchte und Backpapier entfernen, den Teig in weiteren 15 Minuten fertig backen.

Die Tarte aus dem Ofen nehmen, sofort die eingedickten Sauerkirschen einfüllen und das Ganze mindestens 1 Stunde kalt stellen. Für die Schokoladencreme die Schokolade über einem Wasserbad schmelzen und etwas abkühlen lassen. Die Sojacreme mit dem Handrührgerät aufschlagen und nach und nach die Schokolade unterheben. Die Tarte gleichmäßig mit der Creme bedecken und mit den Mandelblättchen garnieren. Mindestens 1 Stunde im Kühlschrank fest werden lassen.

Tipp

Je nach Geschmack können Sie die gehobelten Mandeln vor dem Garnieren in einer Pfanne ohne Fett anrösten. Vorsicht, sie verbrennen schnell.

VEGAN

Kalte SCHNAUZE

FÜR 1 KASTENFORM [CA. 20 x 3 x 10 CM]

30 MIN + 4 STD [KÜHLEN]

ZUTATEN

- 40 g Kokosöl
- 240 g vegane Margarine
- 225 g vegane Zartbitterschokolade
- 120 g Puderzucker
- 4cl starker Kaffee
- 2cl Rum (nach Belieben)
- 60 g Mandelblättchen
- 400–450 g vegane „Butterkekse"

FÜR DEN SCHOKOLADENGUSS

- 70 g vegane Zartbitterkuvertüre
- 2 EL Mandelblättchen zum Dekorieren

Kokosöl, Margarine und Schokolade zusammen über einem Wasserbad schmelzen. Vom Herd nehmen und den Puderzucker einrühren. Zuletzt Kaffee und Rum dazugeben und die Mandelblättchen unterheben.

Eine Kastenform mit Frischhaltefolie auskleiden. Mit einer kleinen Saucenkelle eine dünne Schicht flüssige Schokoladenmasse einfüllen, bis der Boden bedeckt ist. Die Kekse dicht nebeneinander darauflegen, nicht andrücken. Nun Schokoladenmasse und Kekse im Wechsel weiterschichten, bis eines von beiden aufgebraucht ist – mit Schokolade abschließen.

In der Form mindestens 4 Stunden im Kühlschrank fest werden lassen. Herausnehmen und stürzen. Kuvertüre über einem Wasserbad schmelzen. Den Kuchen damit überziehen und mit Mandelblättchen dekorieren.

Tipp

Damit die Kuchenscheiben schön gleichmäßig aussehen, schichten Sie die Kekse immer bis an den Rand; schneiden Sie sie gegebenenfalls vorsichtig zurecht.

VEGAN

Schokokuchen MIT VANILLEEIS

FÜR 1 TARTEFORM [Ø 26 CM]

40 MIN + 6 STD [KÜHLEN]

ZUTATEN

FÜR DEN TEIG
» 140 g Mehl (Type 405)
» 60 g Backkakao
» 200 g Zucker
» 1 TL Natron
» Salz
» 2 EL Vanillezucker
» 30 g Mandelblättchen
» 1 EL Weißweinessig
» 5 EL neutrales Pflanzenöl

FÜR DAS VANILLEEIS
» 1 Vanilleschote
» 500 ml Sojadrink
» 150 g Zucker
» 2 EL Mehl (Type 405)
» 100 g Kokosöl
» 150 g Walnusskerne

AUSSERDEM
» Margarine und Mehl für die Form
» Puderzucker zum Bestreuen

Für den Teig das Mehl mit Backkakao, Zucker, Natron, 1 Prise Salz, Vanillezucker und Mandeln in eine Rührschüssel geben und mischen. Den Backofen auf 180 °C (Ober-/Unterhitze) vorheizen. Eine Tarteform einfetten und mit Mehl ausstäuben.

In einer zweiten Schüssel 200 ml kaltes Wasser mit dem Weißweinessig verrühren. Das Essigwasser nach und nach unter die Mehlmischung rühren. Zum Schluss das Öl unterrühren, bis ein leicht zähflüssiger Teig entsteht. Den Teig in die Form füllen und im heißen Ofen (Mitte) etwa 20 Minuten backen. Die Stäbchenprobe machen. Den Kuchen herausnehmen und in der Form vollständig auskühlen lassen.

Inzwischen für das Eis die Vanilleschote längs aufschneiden und das Mark herauskratzen. Vanillemark, Sojadrink, Zucker, Mehl, Kokosöl und Walnusskerne in einen Mixer geben und 30–60 Sekunden auf hoher Stufe mixen, bis die Walnusskerne komplett zerkleinert sind.

Die Eismasse in einem Topf unter Rühren aufkochen, sofort in ein gefriergeeignetes Gefäß umfüllen und leicht abkühlen lassen. Dann die Masse für mindestens 6 Stunden in den Gefrierschrank stellen. Alle 2 Stunden das Eis umrühren. Den Schokokuchen in Stücke schneiden, mit etwas Puderzucker bestreuen und mit dem Eis servieren.

VEGAN

Rote-Bete-
SCHOKO-MUFFINS

FÜR 12 STÜCK

45 MIN + 30 MIN [KÜHLEN]

ZUTATEN

FÜR DEN TEIG
» 250 g Mehl (Type 405)
» 30 g Backkakao
» 70 g brauner Zucker
» 2 TL Backpulver
» 1 EL Vanilleextrakt
» Salz
» 300 ml ungesüßter Mandeldrink
» 65 ml Sonnenblumenöl
» 80 g vegane Zartbitterschokolade
» 120 g Rote Bete

FÜR DAS FROSTING
» 80 g vegane Zartbitterschokolade
» 25 g ungesüßter Mandeldrink
» 10 g Kokosblütenzucker
» 1 EL Kokosöl
» Salz
» 40 g Kokosraspel

AUSSERDEM
» 12er-Muffinblech
» Papierförmchen

Den Backofen auf 160 °C Ober-/Unterhitze (140 °C Umluft) vorheizen und ein 12er-Muffinblech mit passenden Papierförmchen auslegen. Für den Teig alle Zutaten bis auf die Schokolade und die Rote Bete in eine Schüssel geben und mit dem Rührbesen eines Handrührgeräts gut vermengen.

Schokolade fein hacken, Rote Bete schälen und fein raspeln. Beides gut unter den Muffinteig heben. Teig auf die Förmchen verteilen und im Backofen (Mitte) 25 Minuten backen. Muffins auf einem Kuchengitter vollständig abkühlen lassen.

Inzwischen für das Frosting die Schokolade in grobe Stücke brechen. Mandeldrink in eine Schale geben über einem Wasserbad erhitzen. Kokosblütenzucker und Schokolade dazugeben und unter Rühren in dem Drink auflösen. Kokosöl und 1 Prise Salz unterrühren. Kokosraspel in eine Schale geben.

Muffins bis zur Hälfte zuerst in das Frosting tauchen, dann in die Kokosraspel dippen. Muffins mindestens 30 Minuten in den Kühlschrank stellen, damit das Frosting aushärtet.

Tipp

Die Muffins können gut in einem luftdichten Behälter eingefroren werden. Zum Servieren bei Zimmertemperatur auftauen lassen und genießen.

Rohe BROWNIES

FÜR 6–8 STÜCK **25 MIN + 8 STD** [KÜHLEN]

ZUTATEN

FÜR DIE BROWNIES
- » 450 g getrocknete Datteln
- » 150 g gemahlene Mandeln
- » 100 g gemahlene Haselnusskerne
- » 60 g Backkakao
- » ¼ TL Salz

FÜR DIE GANACHE
- » 200 g zuckerfreie Schokolade
- » 75 ml Milch
- » 1 EL Kokosöl
- » Salz

AUSSERDEM
- » 1 Backform (23 × 23 cm)
- » 50 g ganze Mandeln

Die Backform mit Backpapier auslegen. Die getrockneten Datteln im Standmixer zerkleinern, sodass allmählich eine klebrige Masse entsteht (je feiner die Datteln und die Masse dabei werden, desto besser). Herausnehmen und beiseitestellen. Die Mandeln und die Haselnüsse gründlich mit dem Backkakao und dem Salz vermischen. In den Standmixer geben und auf hohe Stufe mixen. Die Dattelmasse esslöffelweise dazugeben und alles zu einer homogenen Masse verarbeiten.

Die Dattel-Nuss-Masse gleichmäßig in der Backform verteilen und gut festdrücken. (Das funktioniert am besten mit den Händen; befeuchtet sie vorher mit Wasser, damit nichts daran kleben bleibt.) Die Form 10 Minuten in den Kühlschrank stellen.

Für die Ganache die Schokolade sehr klein hacken. Die Milch aufkochen und über die gehackte Schokolade gießen. Kurz stehen lassen, dann umrühren, damit die Schokolade schmelzen kann. Das flüssige Kokosöl und 1 Prise Salz unterrühren. Sobald die Schokolade komplett geschmolzen ist, die Ganache auf der Brownie-Masse verteilen und verstreichen. Die ganzen Mandeln für die Deko grob hacken und auf der Ganache verteilen.

Die Backform über Nacht in den Kühlschrank stellen. Am nächsten Tag die Brownies in 6–8 Stücke schneiden.

Zartbitterschokoladen-FONDUE

FÜR 4 PORTIONEN **10 MIN**

ZUTATEN

- » 350 g Zartbitterschokolade
- » 1 TL Kokosöl
- » 250 g Erdbeeren
- » 100 g Kirschen
- » 4 EL Nusskrokant

Die Schokolade grob hacken. Für das Wasserbad einen Topf bis zur Hälfte mit Wasser füllen und zum Kochen bringen. Die Hitze reduzieren und warten, bis das Kochwasser simmert. Die Schokolade in einen kleineren Topf geben und diesen über den Topf mit dem Wasser hängen. Das Wasser sollte den kleineren Topf dabei nicht berühren. Die Schokolade über dem Wasserbad zum Schmelzen bringen und solange rühren, bis eine homogene, glatte Masse entstanden ist.

Das Kokosöl unter die geschmolzene Schokolade ziehen. Die Schokolade in einen Fonduetopf gießen und auf das vorgeheizte Stövchen stellen.

Das Obst waschen. Erdbeeren putzen und nach Bedarf halbieren. Die Kirschen entsteinen. Beides mit dem Nusskrokant zum Fondue reichen. Zum Genießen die Früchte aufspießen, in die Schokolade tunken, mit Nusskrokant bestreuen und genießen.

NO BAKE

Weißes Schokoladen-FONDUE

FÜR 4 PORTIONEN **20 MIN**

ZUTATEN

FÜR DAS FONDUE
» 3 Passionsfrüchte
» 150 ml Kokosmilch
» 450 g weiße Kuvertüre
» 40 g Kokosöl
» 1 Bio-Limette
» 2 EL Kokoslikör

FÜR DIE SAUCE
» 1 Bund Minze (ca. 30g)
» 3 ½ EL Limettensaft
» 3 ½ EL Apfelsaft
» 3 EL Akazienhonig
» Salz

AUSSERDEM
» 600 g exotische Früchte (z.B. Ananas, Melone, Papaya)
» 2–3 Zweige Minze
» einige Holzspieße
» 5–6 EL Kokosraspel

Für die Spieße die Früchte ggf. waschen, schälen, entkernen und in mundgerechte Stücke schneiden. Die Minze waschen, trocken schütteln und die Blätter abzupfen. Die Früchte abwechselnd mit etwas Minze auf die Spieße stecken und abgedeckt im Kühlschrank lagern oder nach Belieben ca. 10 Minuten vor dem Servieren im Gefrierfach kühlen.

Für das Fondue die Passionsfrüchte halbieren, das Fruchtfleisch auslösen und zusammen mit der Kokosmilch in einem Topf aufkochen. Durch ein Sieb streichen und zurück in den Topf geben. Die Kuvertüre grob hacken, mit dem Kokosöl portionsweise in den Topf geben und unter Rühren schmelzen lassen. Die Limette heiß abwaschen und die Schale abreiben. Likör und Limettenabrieb unter die Kuvertüre rühren.

Für die Sauce die Minze waschen, trocken schütteln und die Blätter abzupfen. Alle Zutaten und 1 Prise Salz mit dem Stabmixer fein pürieren und in eine Schale umfüllen. Die Schokosauce in den Fonduetopf umfüllen und auf dem vorgeheizten Rechaud platzieren. Die Fruchtspieße in das Fondue dippen, mit Kokosraspeln bestreuen und mit der Minzsauce genießen.

Schoko-Bananen-GRANOLA

FÜR 10 PORTIONEN **15 MIN + 30 MIN** [BACKEN]

ZUTATEN

- 180 g 3-Korn-Flocken
- 50 g Kokosraspel
- 2 TL Backkakao
- ¼ TL gemahlener Zimt
- 1 Pck. Bourbon-Vanillezucker
- 1 reife Banane
- 2 Spritzer Zitronensaft
- 2 EL Honig
- 2 EL neutrales Öl
- 50 g Bananenchips
- 40 g Zartbitterschokolade oder Schokotröpfchen (zum Backen)

Den Backofen auf 160 °C Ober-/Unterhitze (Umluft 140 °C) vorheizen. Die 3-Korn-Flocken mit Kokosraspel, Backkakao, Zimt und Vanillezucker in einer Schüssel mischen.

Die Banane schälen und in Stücke schneiden. Zuerst Banane mit dem Zitronensaft mit dem Pürierstab fein pürieren, dann den Honig und das Öl untermixen. Das flüssige Püree sofort zur Flockenmischung geben und mit einem Löffel oder den Händen gut vermischen, bis eine klebrige Masse entstanden ist.

Die Granola-Masse auf ein mit Backpapier ausgelegtes Blech geben und mit dem Löffel gleichmäßig über die ganze Blechfläche flach verteilen. Im heißen Ofen (Mitte) 25–30 Minuten backen, bis alles schön gebräunt ist; währenddesen 1- bis 2-mal gut durchrühren.

Granola herausnehmen (es fühlt sich jetzt noch nicht knusprig, sondern eher etwas weich an) und auf dem Blech vollständig auskühlen lassen – erst jetzt wird die Mischung knusprig fest. Inzwischen die Bananenchips im Blitzhacker fein zerkleinern, Schokolade grob hacken. Bananenchipsbrösel und Schokoladenstücke oder -tröpfchen unter das abgekühlte Granola mischen und alles in ein verschließbares Vorratsglas geben.

Love-Choc-
GRANOLA

FÜR 12–15 PORTIONEN **25 MIN + 25 MIN** [BACKEN]

ZUTATEN

- 100 g Zartbitterschokolade
- 100 g Ahornsirup
- 2 EL brauner Zucker
- 50 g Kokosöl
- 200 g 3-Korn-Flocken
- 30 g gepuffter Dinkel (Dinkel-Pops)
- 50 g Kokosraspel
- ¼ TL gemahlener Zimt
- Salz
- 125 g gefriergetrocknete Erd- oder Himbeeren

Den Backofen auf 180 °C Ober-/Unterhitze (Umluft 160 °C) vorheizen. Die Schokolade klein hacken. Ahornsirup und Zucker in einen kleinen Topf geben und unter Rühren aufkochen lassen. Hitze reduzieren und das Kokosöl darin schmelzen. Vom Herd nehmen, die Hälfte der Schokolade einrühren und sie vollständig schmelzen lassen.

Die flüssige Schokoladenmasse leicht abkühlen lassen. Inzwischen Flocken, gepufften Dinkel, Kokosraspel, Zimt und 1 Prise Salz in einer Schüssel mischen. Die leicht abgekühlte Schokoladenmasse über diese trockene Mischung gießen und alles mit einem Löffel gut vermengen, bis eine klebrige Masse entstanden ist, dann fast vollständig abkühlen lassen.

Die übrigen Schokostückchen unter die Mischung heben und auf ein mit Backpapier ausgelegtes Blech geben. Mit dem Löffel gleichmäßig über die ganze Blechfläche flach verteilen. Im heißen Ofen (Mitte) 20–25 Minuten backen, bis alles schön gebräunt ist; dabei währenddessen 1- bis 2-mal durchrühren.

Granola herausnehmen. Es fühlt sich noch weich an. Mischung auf dem Blech vollständig auskühlen lassen – erst jetzt wird die Mischung knusprig fest. Inzwischen die gefriergetrockneten Beeren eventuell kleiner hacken, dann unter das ausgekühlte Granola mischen und in ein verschließbares Glas füllen.

Churros MIT SCHOKOSAUCE

FÜR 20 STÜCK — 30 MIN + 30 MIN. [BACKEN]

ZUTATEN

FÜR DEN TEIG
- 50 g Butter
- ½ TL Vanilleextrakt
- 250 g Mehl (Type 405)
- ½ Pck. Backpulver

FÜR DIE SCHOKOLADENSAUCE
- 1 Vanilleschote
- 250 g Sahne
- 50 g Zucker
- 100 g Zartbitterkuvertüre

AUSSERDEM
- 500 g Pflanzenfett zum Ausbacken
- Spritzbeutel mit großer Sterntülle
- 2 EL Zucker
- 1 TL gemahlener Zimt

Für den Teig die Butter schmelzen. 350 ml heißes Wasser mit der Butter und dem Vanilleextrakt verrühren. Das Mehl und Backpulver in eine Rührschüssel geben und mischen, in die Mitte eine Mulde drücken. Die flüssige Buttermischung in die Mulde geben und alles solange verrühren, bis ein zäher, klumpenfreier Teig entsteht. Den Teig einige Minuten ruhen lassen. Zum Ausbacken das Pflanzenfett in einen mittelgroßen Topf geben und auf 165 °C erhitzen.

Den Teig in einen Spritzbeutel mit großer Sterntülle füllen. Den Teig in jeweils zwei 8–10 cm lange Streifen ins heiße Fett geben und goldbraun ausbacken.

Zucker mit Zimt mischen. Die Churros mit einem Schaumlöffel herausheben und auf Küchenpapier abtropfen lassen. Die warmen Churros mit Zimtzucker bestreuen.

Für die Schokoladensauce die Vanilleschote längs aufschneiden und das Mark herauskratzen. Die Sahne mit Zucker, Vanillemark und -schote in einem Topf kurz aufkochen. Vanilleschote wieder entfernen. Die Kuvertüre dazugeben und bei niedriger Hitze schmelzen lassen, bis eine glänzende cremige Masse entsteht. Die warmen Churros sofort mit der Sauce servieren.

Schokoladenwürfel MIT FRÜCHTEN

FÜR 20 STÜCK **15 MIN + 30 MIN** [KÜHLEN]

ZUTATEN

- 300 g vegane Zartbitterschokolade
- ½ TL gemahlener Zimt
- Salz
- Je 1 EL gefriergetrocknete Erdbeeren und Heidelbeeren
- 1 EL gerösteter Sesam
- 2 EL getrocknete Cranberrys

Schokolade grob hacken und über einem Wasserbad unter gelegentlichem Rühren schmelzen lassen. Zimt und ¼ TL Salz dazugeben und gut vermengen. Eine etwa 20 × 30 cm große Form mit Backpapier auslegen und die Schokolade hineingeben.

Erdbeeren und Heidelbeeren grob hacken. Mit Sesam und Cranberrys zügig auf die noch flüssige Schokolade geben. Schokolade vollständig aushärten lassen.

Ein Messer in heißes Wasser tauchen und Schokolade in 5 × 5 cm große Stücke schneiden. Schokoladenecken sofort genießen oder in einem luftdichten Behälter im Kühlschrank lagern.

Tipp

Anstatt Zartbitterschokolade kann man auch weiße Schokolade verwenden sowie grob gehackte Nüsse und andere Samen dazugeben.

Schoko-Crêpes MIT ERDBEEREN

FÜR 6 STÜCK **45 MIN + 20 MIN** [RUHEN]

ZUTATEN

FÜR DEN TEIG
- 2 Eier (Größe M)
- 2 EL Vanillezucker
- 2 EL Zucker
- 150 g Mehl (Type 405)
- 3 EL Backkakao
- Salz
- 250 ml Milch
- Öl zum Backen

FÜR DEN BELAG
- 240 g Sahne
- 2 TL Puderzucker
- 2 EL Vanillezucker
- 200 g Erdbeeren
- 100 g Zartbitterkuvertüre
- Puderzucker (nach Belieben)

Für den Teig die Eier mit Vanillezucker und Zucker in einer Rührschüssel schaumig rühren. Das Mehl mit dem Backkakao mischen, die Mischung dazusieben und unterrühren. 1 Prise Salz und die Milch dazugeben und alles verrühren, bis ein glatter flüssiger Teig entsteht. Den Teig mit einem Tuch abdecken und etwa 20 Minuten ruhen lassen.

Aus dem Teig nacheinander 6 Crêpes backen. Dafür jeweils etwas Öl in einer Pfanne oder auf einem Crêpe-Eisen erhitzen. 1 Schöpfkelle Teig dazugeben und bei mittlerer Hitze auf beiden Seiten etwa 2 Minuten backen, bis der Crêpe goldbraun ist. Herausnehmen und vollständig abkühlen lassen.

Für den Belag die Sahne mit Puderzucker und Vanillezucker steif schlagen. Die Erdbeeren waschen, trocken tupfen, putzen und vierteln. Erdbeeren unter die Sahne heben. Die Zartbitterkuvertüre in einer Schüssel über dem heißen Wasserbad schmelzen. Die Crêpes mit der Erdbeer-Sahne bestreichen, einrollen und mit der Zartbitterkuvertüre bedecken. Nach Belieben mit Puderzucker bestäuben und servieren.

Schokoladenpudding MIT BREZELN

FÜR 4 GLÄSER À 250 ML **25 MIN + 30 MIN** [KÜHLEN]

ZUTATEN

FÜR DEN PUDDING
» 500 ml Milch
» 100 g Zartbitterkuvertüre
» 35 g Speisestärke
» 3 EL Backkakao
» 50 g Zucker
» 100 g Sahne
» 2 TL Puderzucker

FÜR DIE SCHOKO-BREZELN
» 50 g Zartbitterkuvertüre
» 30 kleine Salzbrezeln

Für den Pudding von der Milch 50 ml abnehmen und beiseitestellen. Die restliche Milch in einem Topf erwärmen. 50 g Kuvertüre dazugeben und unter Rühren schmelzen. Die übrige Kuvertüre hacken. Die restliche Milch mit der Speisestärke verrühren, dann den Backkakao und den Zucker hinzufügen und gut unterrühren. Die Milch mit der Kuvertüre aufkochen, die Kakaomischung dazugeben, alles aufkochen und etwa 1 Minute kochen lassen. Den Pudding in die Gläser füllen, mit Frischhaltefolie abdecken und zum Abkühlen in den Kühlschrank stellen.

Für die Schokobrezeln die Kuvertüre in einer Schüssel über dem heißen Wasserbad schmelzen. Die Brezeln nacheinander zur Hälfte in die Kuvertüre tauchen, auf einen Bogen Backpapier legen und anschließend die Kuvertüre im Kühlschrank fest werden lassen.

Die Sahne mit dem Puderzucker steif schlagen. Den Pudding mit der Sahne, der gehackten Kuvertüre und den Schokobrezeln verzieren und servieren.

Triple-Schoko-BROWNIES

FÜR 8 STÜCK · **25 MIN + 80 MIN** [GAREN]

ZUTATEN

FÜR DEN TEIG
- » 2 EL Chia-Samen
- » 4 große Süßkartoffeln
- » 50 g Kakaobutter (alternativ 5 EL Kokosöl)
- » 80–100 g Kakao-Nibs
- » 130 ml Ahornsirup
- » 6 EL Kokosmehl (alternativ gemahlene Nüsse)
- » 100 g Backkakao
- » 4 TL Weinsteinbackpulver
- » 1 TL gemahlene Vanille
- » 1 TL gemahlener Zimt

FÜR DIE GLASUR
- » 4 EL Backkakao
- » 3 EL Ahornsirup
- » 2 EL Mandelmus
- » Kokosmilch nach Bedarf

FÜR DIE KOKOSSAHNE
- » 500 g Kokosmilch (mindestens 70% Kokosanteil)
- » 1 gemahlene Vanille
- » Ahornsirup

AUSSERDEM
- » Granatapfelkerne
- » Mandelstifte

Für den Teig die Chia-Samen in 6 EL Wasser einweichen, bis sie gelieren (etwa 15 Minuten). Die Süßkartoffeln waschen, halbieren und einschneiden. Mit der Schnittfläche auf ein Blech legen und im Ofen (Mitte) bei 180 °C (Umluft) 30–40 Minuten backen. Anschließend Fruchtfleisch aus der Schale lösen und zerstampfen.

Eine flache Backform (25 × 30 cm) mit Backpapier auslegen. Kakaobutter und Schoko-Nibs kurz erwärmen, bis alles flüssig ist. Ahornsirup unterrühren. Alle trockenen Zutaten mischen und mit den Süßkartoffeln dazugeben. Die Chia-Samen hinzufügen und alles vermengen. Den Teig in die Form geben und im Ofen (Mitte) bei 180 °C (Umluft) etwa 40 Minuten backen. Den Kuchen herausnehmen und erst abkühlen lassen. Dann in 8 Stücke schneiden.

Für die Glasur Kakao mit Ahornsirup und Mandelmus in einer Schüssel verrühren. Je nach Konsistenz etwas Kokosmilch oder Wasser unterrühren. Die Brownies damit bestreichen. Die Kokosmilchdose zuvor kopfüber in den Kühlschrank stellen, damit sich das Fett vom Wasser trennt. Den festen Teil mit dem Handrührgerät auf hoher Stufe aufschlagen. Die Kokossahne mit Vanille und etwas Ahornsirup abschmecken und zu den Brownies servieren.

Tipp

Die Chiasamen können auch bereits am Vortag vorbereitet werden und im Kühlschrank kalt gestellt werden. Wenn es schnell gehen muss, die Chiasamen mit kochendem Wasser übergießen, dann bildet sich sofort ein Gel.

Mousse au CHOCOLAT

FÜR 4 GLÄSER À 150 ML

30 MIN + 3 STD [KÜHLEN]

ZUTATEN

FÜR DIE MOUSSE
» 150 g Zartbitterkuvertüre
» 3 sehr frische Eier (Größe M)
» Salz
» 20 g Zucker
» 1 Pck. Vanillezucker
» 200 g Sahne
» 2 TL Puderzucker

FÜR DAS TOPPING
» 100 g Sahne
» 1 TL Puderzucker
» 4 Physalis
» 4 Schokokeksstäbchen
» 4 Eiswaffeln

AUSSERDEM
» Spritzbeutel mit Sterntülle

Für die Mousse die Kuvertüre in einer Schüssel über dem heißen Wasserbad schmelzen, anschließend abkühlen lassen. Die Eier trennen. Die Eiweiße mit 1 Prise Salz steif schlagen. Die Eigelbe in einer Schüssel mit Zucker und Vanillezucker über einem heißen Wasserbad so lange schaumig schlagen, bis eine hellgelbe Masse entsteht. Die Schüssel herunter nehmen und kurz abkühlen lassen. Die Kuvertüre unter die Eigelbmasse rühren. Danach den Eischnee vorsichtig unterheben. 200 g Sahne mit dem Puderzucker steif schlagen und ebenfalls unter die Creme heben. Die Mousse in die Gläser füllen und für mindestens 3 Stunden in den Kühlschrank stellen.

Für das Topping 100 g Sahne mit dem Puderzucker steif schlagen. Die Sahne in einen Spritzbeutel mit Sterntülle füllen und auf die Mousse spritzen. Die Hülle der Physalis öffnen. Die Mousse mit Schokokeksstäbchen, Eiswaffel und Physalis verzieren und servieren.

Heidelbeer-Crumble MIT SCHOKOSCHMAND

FÜR 3–4 PORTIONEN **15 MIN + 30 MIN** [BACKEN]

ZUTATEN

FÜR DIE STREUSEL
- 150 g kalte Butter
- 250 g Mehl
- 150 g Zucker
- 50 g gemahlene Mandeln

FÜR DIE FÜLLUNG
- 400 g Heidelbeeren
- ½ TL Lavendelblüten (nach Belieben)
- 2 EL Zucker
- 100 g weiße Schokolade
- 200 g Schmand

Den Ofen auf 180 °C (Ober-/Unterhitze) vorheizen. Die Butter in Stückchen schneiden und mit Mehl, Zucker und gemahlenen Mandeln mit dem Handrührgerät zu einem krümeligen Teig verarbeiten. Alternativ die Butterstückchen mit dem Mehl in eine Schüssel geben und mit den Fingern krümelig reiben und die restlichen Zutaten unterkneten.

Die Heidelbeeren verlesen, waschen und abtropfen lassen. Die Beeren nach Belieben mit Lavendel und dem Zucker mischen. Die Beeren-Lavendel-Mischung in eine Auflaufform (Inhalt 1,5–2 l) geben und mit den Streusel bedecken. Den Crumble im heißen Ofen (Mitte) 30 Minuten backen, dann 5 Minuten bei Zimmertemperatur ruhen lassen.

Inzwischen die weiße Schokolade in eine Schüssel reiben und mit dem Schmand verrühren. Crumble auf Tellern anrichten und mit dem Schokoladenschmand obenauf lauwarm servieren.

Beeren-Mascarpone-
IN SCHOKOSCHALEN

FÜR 4 PORTIONEN **20 MIN + 20 MIN** [KÜHLEN]

ZUTATEN

FÜR DIE SCHALEN
- 200 g Zartbitterkuvertüre
- 1 EL neutrales Pflanzenöl
- 4 Luftballons

FÜR DIE CREME
- 100 g Mascarpone
- 200 g Joghurt
- 3 EL Vanillezucker
- 100 g Sahne
- 1 EL Puderzucker

FÜR DAS BEEREN-PÜREE
- 100 g Himbeeren
- 100 g Erdbeeren
- ½ Zitrone

AUSSERDEM
- Schokoladenraspel
- 1 Handvoll Himbeeren

Für die Schokoladenschalen 150 g Zartbitterkuvertüre in Stücke brechen und über dem heißen Wasserbad schmelzen. Die restliche Zartbitterkuvertüre klein hacken oder raspeln. Die Kuvertüre vom Herd nehmen, die gehackte Kuvertüre und das Öl unterrühren. Die Kuvertüremischung leicht abkühlen lassen. Backpapier auf ein Brett legen. Die Luftballons waschen, leicht aufpusten, die Öffnung schließen und auf der runden Seite einmal kräftig in die Kuvertüren tauchen. Die Ballons auf das Backpapier setzen, in den Kühlschrank stellen und die Schokolade in 10–15 Minuten fest werden lassen. Anschließend die Ballons in die übrige Kuvertüre tauchen und wieder fest werden lassen.

Währenddessen die Mascarpone mit Joghurt und Vanillezucker verrühren. Die Sahne mit dem Puderzucker steif schlagen und unter die Mascarpone-Joghurt-Mischung heben. Die Creme bis zur Verwendung in den Kühlschrank stellen. Die Himbeeren und Erdbeeren verlesen, waschen und trocken tupfen. Den Saft der Zitrone auspressen. Himbeeren, Erdbeeren und Zitronensaft mit einem Pürierstab fein pürieren.

Vor dem Servieren die Ballons anpiksen und vorsichtig aus der Schale lösen. Die Creme und das Beerenpüree abwechselnd in die Schokoladenschalen füllen. Mit Schokoladenraspeln und ein paar Himbeeren verzieren.

Layed NICECREAM

FÜR 4 PORTIONEN **30 MIN + 12 STD** [KÜHLEN]

ZUTATEN

FÜR DIE NICECREAM
- » 850 g Banane (geschält 700 g)
- » 4 TL Chai-Mandelcreme
- » 8 getrocknete Datteln (ohne Stein)
- » 20 g Backkakao
- » 200 ml Mandeldrink
- » Mark von 1 Vanilleschote

FÜR DIE CHAI-MANDELCREME
- » 200 g Mandeln
- » 1 Sternanis
- » 2 kleine Nelken
- » 1 ausgelöste Kardamomkapsel
- » ½ TL gemahlener Ceylon-Zimt
- » ½ TL Kubebenpfeffer
- » 10 g frischer Ingwer
- » 4 TL Kokosöl

FÜR DAS KOMPOTT
- » 500 g TK-Beerenmischung
- » 3 EL Kokosblütenzucker
- » 1 TL Johannisbrotkernmehl

Für die Nicecream die Bananen in Scheiben schneiden und einige Stunden, am besten über Nacht, einfrieren. Für die Chai-Mandelcreme die Mandeln in einer Pfanne ohne Fett rösten. Die Gewürze fein mörsern, mit Zimt und Kubebenpfeffer zu den Mandeln geben und bei schwacher Hitze mitrösten, bis die Gewürze zu duften beginnen. Ingwer schälen und fein hacken. Die Mandeln mit den Gewürzen, Ingwer und dem Kokosöl in einem Hochleistungsmixer pürieren. In einem geschlossenen Schraubglas aufbewahren.

Für das Beerenkompott die Früchte mit dem Zucker in einem Topf einige Minuten sanft köcheln lassen. Anschließend das Johannisbrotkernmehl unterrühren.

Für die Nicecream die Hälfte der gefrorenen Bananen (etwa 350 g) mit 4 TL der Chai-Mandelcreme, 4 Datteln, Kakaopulver und der Hälfte des Mandeldrinks (100 ml) im Mixer zu einer Creme pürieren. Für die Vanille-Nicecream die restlichen gefrorenen Bananen mit Vanillemark, 4 Datteln und 100 ml Mandeldrink im Mixer zu einer Creme pürieren. Beide Nicecream-Sorten abwechselnd mit der Chai-Mandelcreme und dem Beerenkompott in Gläser schichten.

Mexikanische HEISSE SCHOKOLADE

FÜR 6–8 PORTIONEN **25 MIN**

ZUTATEN

- » 3 Zimtstangen
- » 1 Sternanis
- » 100 g Schokolade (100% Kakaogehalt)
- » 30 g Masa Harina (Maismehl für Tortillas)
- » 500 ml Milch
- » 70–100 g Muscovado-Zucker
- » Salz

Die Zimtstangen und den Sternanis mit 750 ml Wasser in einen Topf geben und zum Kochen bringen. Bei mittlerer Hitze offen 15 Minuten köcheln lassen; die Gewürze sollten das Wasser färben und aromatisieren! Inzwischen die Schokolade fein hacken oder auf einer Reibe fein reiben.

Gewürzwasser durch ein feines Sieb in einen großen Topf gießen. Wieder erhitzen, dabei das Maismehl unter Rühren mit dem Schneebesen hineingeben und im Wasser auflösen. Die Milch zugeben und heiß werden lassen. Dann Schokolade, Zucker und 2 Prisen Salz zugeben und unter Rühren schmelzen lassen. Zuletzt die heiße Schokolade mit dem Schneebesen kräftig aufschlagen und heiß servieren.

85% DARK
CHOCOLATE MEXICANO
MEXICAN-STYLE STONE GROUND CHOCOLATE
TAZA
chocolate
ORGANIC & DIRECT TRADE
SUPER DARK
2.7oz (77g)
Contains 2 Discs

Wohlfühl SCHOKOBECHER

FÜR 4 PORTIONEN **15 MIN**

ZUTATEN

- 100 g Schokolade (100% Kakaogehalt)
- 8 EL Kokosblütenzucker
- 10 EL Honig (alternativ Ahornsirup)
- 1 TL gemahlener Zimt
- 1 TL gemahlener Piment
- 1 TL gemahlene Kurkuma
- geriebene Tonkabohne
- 1l Mandeldrink

ZUM GARNIEREN

- gemahlener Zimt
- Backkakao
- getrocknete Blüten

Die Schokolade in Stücke hacken, in einen Topf geben und Kokosblütenzucker, Honig, Zimt, Piment, Kurkuma und 1 Prise geriebene Tonkabohne dazugeben. 200 ml Mandeldrink zugießen und alles bei schwacher Hitze unter Rühren erwärmen, bis die Schokolade geschmolzen und eine dickflüssige Paste entstanden ist. Weitere 800 ml Mandeldrink hinzufügen und erwärmen.

Die Wohlfühl-Schokolade in Tassen gießen und mit Zimt, Backkakao und getrockneten Blüten bestreuen.

Tipp

Statt mit Mandeldrink kann man den Wohlfühl-Schokobecher auch mit einem selbst gemachten Walnussdrink ausprobieren.

Chocolate LASSI

FÜR CA. 750 ML **20 MIN + 20 MIN** [KÜHLEN]

ZUTATEN

- 400 ml Vollmilch
- 2 zerstoßene Kardamomkapseln
- ½ TL gemahlener Zimt
- 1 Nelke
- ½ TL Pumpkin Spice
- Salz
- 100 g Zartbitterkuvertüre
- 220 g kalter Joghurt
- 2 EL Ahornsirup
- 3 TL Backkakao
- 3 TL gemahlener Zimt

Die Milch zusammen mit den Kardamomkapseln, Zimt, Nelke, Pumpkin Spice und 1 Prise Salz kurz erhitzen, bis die Milch dampft. Vom Herd nehmen, 5 Minuten ziehen lassen und erst dann die Gewürze entfernen. Die Milch erneut erwärmen und die grob gehackte Kuvertüre unterrühren, bis sie geschmolzen ist. Die Schokoladenmilch nun im Kühlschrank abkühlen lassen.

Die kalte Schokoladenmilch mit Joghurt und Ahornsirup in einen Standmixer geben und kurz pürieren, damit sich alles verbindet.

Chocolate Lassi in Gläser füllen, Backkakao und Zimt miteinander vermischen und auf das Lassi geben.

Spicy-Hot-Chocolate

FÜR 2 PORTIONEN **25 MIN**

ZUTATEN

- 2 Kardamomkapseln
- 1 Zimtstange
- 2 Nelken
- 400 ml Milch
- 100 g Zartbitterschokolade

AUSSERDEM

- Mini-Marshmallows
- Karamellsirup

Kardamomkapseln im Mörser leicht anquetschen und mit Zimt, Nelken und der Milch in einen Topf geben. Unter Rühren langsam aufkochen, dann bei niedriger Hitze zugedeckt 15 Minuten ziehen lassen. Inzwischen die Schokolade hacken.

Milch durch ein Sieb zurück in den Topf gießen. Schokolade hineingeben und unter Rühren darin schmelzen lassen.

Schokolade in Tassen oder Gläser gießen. Reichlich Marshmallows obenauf geben und anschließend mit Karamellsirup überträufeln.

Snowy-White-Chocolate

FÜR 2 PORTIONEN **15 MIN**

ZUTATEN

- 300 ml Milch
- 200 g Sahne
- 1/3 Vanilleschote
- 80 g weiße Schokolade
- 1–2 Zuckerstangen

Milch und 100 g Sahne in einen Topf geben, Vanilleschote längs halbieren, das Mark herauskratzen und mit der Schote dazugeben. Alles unter Rühren zum Kochen bringen, dann 5 Minuten zugedeckt bei niedriger Hitze ziehen lassen.

Inzwischen übrige Sahne mit dem Handrührgerät steif schlagen. Schokolade und Zuckerstange getrennt grob hacken. Vanilleschote aus der Milch nehmen, Schokolade hineingeben und unter Rühren schmelzen lassen. Dann die Schokolade in Tassen oder Becher füllen, Sahne draufgeben und mit den Zuckerstangen-Bröseln bestreuen.

Heiße-Schokolade-LÖFFEL

FÜR 12 STÜCK | **15 MIN + 10 MIN** [KÜHLEN]

ZUTATEN

» 50 g Zartbitterschokolade
» 50 g weiße Schokolade

FÜR DIE DEKORATION
» Toppings nach Belieben, z. B. bunte Streusel, gehackte Pistazien, Mini-Marshmallow, gehackte Zuckerstangen, Kokosraspel oder geschroteten Zimt

AUSSERDEM
» 12 Holzlöffel

Die Schokoladen getrennt über einem Wasserbad schmelzen und jeweils 1 TL Schokolade in die Holzlöffelvertiefung geben.

Nach Belieben dekorieren und in den Kühlschrank stellen, bis die Schokolade fest wird.

Tipp

Die feinen Schokolöffel sind die idealen Mitbringsel in der Weihnachtszeit, da sie lange haltbar sind und nicht nur mit ihrem Aussehen beeindrucken!

Spinat-Schoko-SMOOTHIE

FÜR 2 PORTIONEN **5 MIN**

ZUTATEN

- 2 Handvoll Babyspinat
- 2 reife Bananen
- 150 g Eiswürfel
- 250 ml ungesüßter Mandeldrink
- ½ TL Vanilleextrakt
- 3 EL ungesüßter Backkakao

Babyspinat verlesen, waschen und trocken schütteln. Bananen schälen und halbieren. Spinat und Bananen mit den restlichen Zutaten in den Standmixer geben und für mindestens 1 Minute vermixen. Sofort servieren.

Tipp

Dieser Smoothie ist reich an Proteinen und Vitaminen, macht satt und wirkt bestens Heißhunger entgegen.

Register

A

B

C

D

E

F

G

H

I

J

K

L

M

... NOCH MEHR TOLLE BÜCHER!

Vamos a las TAPAS

ISBN 978-3-960**93-867**-5
€ 15.00 (D) / € 15.50 (A)

Je ne RACLETTE rien!

ISBN 978-3-960**93-422**-6
€ 15.00 (D) / € 15.50 (A)

SOUS-VIDE dreams are made of this

ISBN 978-3-74**59-0258**-7
€ 15.00 (D) / € 15.50 (A)

Knockin' on CURRYS door

ISBN 978-3-74**59-0250**-1
€ 15.00 (D) / € 15.50 (A)

IMPRESSUM

Bibliografische Information der Deutschen Bibliothek.

Die Deutsche Bibliothek verzeichnet diese Publikation in der Deutschen Nationalbibliografie.

Detaillierte bibliografische Daten sind im Internet über http://www.dnb.de/ abrufbar.

EIN BUCH DER EDITION MICHAEL FISCHER

1. Auflage 2021

Covergestaltung, Layout, Satz: Katharina Bittel

Projektmanagement, Lektorat, Redaktion: Lena Buch

Rezepte: Mara Hörner: S. 12, 38, 52, 104; Melanie Allhoff: S. 14, 16, 18, 30, 31, 32, 34, 36, 44, 46, 48, 100, 112, 116, 118, 122, 126; Sabrina Sue Daniels: S. 20, 26, 40, 42, 58, 62, 64; Gabriele Gugetzer: S. 22, 24, 76, 77, 124; Katharina Küllmer: S. 28, 60, 128, 132, 134; Daniel Grothus: S. 50, 54, 56; Emma Friedrichs: S. 63, 66, 68, 70, 72, 74, 80; Tanja Dusy: S. 69, 110, 111, 130, 136; Kati Neudert: S. 82–98; Kristina Koch: S. 102, 114, 138; Sarah Thor: S. 106, 108; Sarah Plavic: S. 137

Fotos: Mara Hörner, Karlsdorf: S. 13, 39, 53, 105; Melanie Allhoff, Lienen: S. 15, 17, 19, 33, 35, 37, 45, 47, 49, 101, 113, 117, 119, 123, 127; Sabrina Sue Daniels, Frankfurt a. Main: 21, 27, 41, 43, 59, 65; Claudia Timmann, Hamburg: S. 23, 25, 125; Katharina Küllmer, Kassel: S. 29, 61, 129, 133, 135; Stefanie Hiekmann, Osnabrück: S. 51, 55, 57; Emma Friedrichs, Herford: 67, 71, 73, 75, 81; Klaus-Maria Einwanger, Rosenheim: S. 10, 11; Tina Bumann, Bretten: 131; Kati Neudert, Neustadt: S. 83–99; Kristina Koch, Winnetka: S. 103, 115, 139; Sarah Thor, Herisau: S. 107, 109

ISBN 978-3-96093-864-4

Gedruckt bei Polygraf Print, Čapajevova 44, 08001 Prešov, Slowakei

www.emf-verlag.de